마흔, 당신은 이제 행복해질 일만 남았다

이유경 에세이

마흔의 깊이를 더하는 8가지 철학적 성찰

마흔,
당신은 이제
행복해질 일만
남았다

프롤로그

마흔, 이제는 행복해질 수 있는 시간

마흔, 대체 무엇이 달라질까?

동양의 현자들이 대나무 숲에서 통찰을 얻고, 로마의 황제 마르쿠스 아우렐리우스는 궁정 속에서 시간을 성찰하며 지혜를 남겼습니다. 그가 말한 "지금 이 순간에 집중하라"는 문장은 마흔의 시간을 살아가는 우리에게 더욱 절실한 울림으로 다가옵니다.

얼마 전, 직장인이 된 아들이 "난 언제쯤 마음 편히 살 수 있을까?"라고 물었습니다. 그 질문은 스무 해 전, 미래에 대한 불안 속에서 허우적대던 제 모습과 겹쳐졌습니다. 그 순간 떠오른 문장이 있었습니다.

"우리가 통제할 수 있는 것은 오직 지금뿐이다."

시간은 늘 곁에 있었지만, 그 의미를 체감하는 일은 결코 쉽지 않았습니다.

왜 마흔은 특별한가?

이십 대의 초조함, 삼십 대의 분주함을 지나 마흔에 이르면 불안과 여유가 교차하기 시작합니다. 최근 동창회에서 만난 친구들의 말이 아직도 생생합니다.

"시간이 너무 부족해."

"시간이 나보다 앞서 달리는 것 같아."

모두 다른 인생 시계를 살고 있지만, 그 속에서 느끼는 고민의 결은 닮아 있었습니다.

결국 저에게 시간의 의미를 가르쳐준 건 일상 속 작고 단순한 실천이었습니다. 매일 아침 6시, 어제를 지우고 오늘 날짜를 동그라미 치는 별것 아닌 이 행동이 '오늘'에 집중하게 만들었습니다.

"각 순간에 온전히 집중하라."

아우렐리우스의 이 가르침이 마음 깊이 박힌 것도 그 무렵이었습니다.

저는 시간을 세 겹의 거울에 비유합니다. 하나는 과거를, 또 하나는 현재를, 마지막 하나는 미래를 비추는 거울. 그리고 매일 아침, 이 거울들을 번갈아 들여다보며 스스로에게 묻습니다.

"오늘, 나는 어떤 시간을 살 것인가?"

시간은 앞으로만 흐르지만, 그 흐름 속에서 의미를 찾는 일은 오직 우리의 몫입니다.

이 책은 마흔의 시간을 살아가는 우리가 스스로의 삶을 돌아보고, 더 깊이 있게 행복을 선택할 수 있도록 돕기 위해 쓰였습니다.

당신은 이미 그럴 준비가 되어 있습니다.

이 책의 구성

- **제1장**에서는 시간과 마주하며 스스로를 돌아보는 철학적 시점을 나눕니다.
- **제2장**에서는 불안을 다루는 감정의 힘과 회복력을 이야기합니다.
- **제3장**에서는 고전과 철학에서 배우는 지혜를 어떻게 일상에 녹일 수 있을지를 살펴봅니다.
- **제4장**에서는 삶의 상처를 치유하고, 회복하는 힘에 대해 다룹니다.
- **제5장**에서는 관계 속에서 나를 지키는 법을 생각합니다.
- **제6장**에서는 진정한 성공이란 무엇인지, 그리고 의미 있는 삶이 무엇인지를 고민합니다.

- **제7장**에서는 매일을 충실히 살아내는 작고 구체적인 실천의 힘을 말합니다.
- **제8장**에서는 마흔 이후의 삶에 깊이를 더하는 철학적 통찰들을 정리합니다.

마흔이라는 시기는 당신이 스스로의 행복을 다시 돌보는 시간입니다. 이 책은 당신이 앞으로 나아갈 방향을 찾는 데, 조용하지만 단단한 안내서가 되어줄 것입니다. 오늘의 당신은 분명히, 더 나은 내일을 살아낼 준비가 되어 있습니다.

책의 말미에는 당신만의 철학을 세워갈 수 있도록 돕는 2가지 부록이 실려 있습니다. 하루하루의 삶을 다듬는 데 도움이 될 '8가지 성찰 질문과 실천 미션', 그리고 스스로에게 묻고 기록하며 나를 발견해 가는 '자기 성찰 워크북'입니다. 읽는 데서 멈추지 말고, 직접 써보고, 움직이면서 당신만의 삶의 깊이를 새롭게 만들어 가시길 바랍니다.

삶이 흔들릴수록, 나만의 철학이 필요해집니다.
지금 이 순간, 당신은 이제 행복해질 일만 남았습니다.

차례

프롤로그_ 마흔, 이제는 행복해질 수 있는 시간 . 4

제1장 마흔, 시간과 마주하다

시간이라는 거울, 내 삶을 어떻게 비추는가? . 15
흐르는 시간 속에서, 나는 어디로 흘러가고 있을까? . 20
삶과 죽음 사이, 어떤 흔적을 남길 것인가? . 25
전환점에서 마주치는 순간, 무엇을 깨닫나? . 30
되풀이되는 시간, 왜 늘 같은 곳을 맴돌까? . 37
일상이 가르쳐 주는 지혜, 작지만 강력한 통찰 . 42

제2장 마흔, 내면을 들여다보다

내면의 나침반, 진짜 방향은 어디를 가리키나? . 59
마음의 요새, 안전한 방어인가 고립인가? . 64

'나'와 마주하기, 나는 정말 누구인가? . 70

작은 마음, 어떻게 넓힐 수 있을까? . 77

내 마음의 정원, 제대로 돌보고 있나? . 83

부정적 생각, 억압이 답일까 아니면 활용이 답일까? . 88

제3장 마흔, 지혜를 만나다

고전이 말해 주는 것, 오늘의 나에게 통할까? . 99

스토아 철학, 중년을 어떻게 위로할까? . 105

새벽의 속삭임, 왜 그때 깨달음이 찾아오는가? . 111

깨진 도자기의 지혜, 불완전함이 오히려 완전함이라면? . 117

세네카가 들려주는 이야기, 지금 우리에게 꼭 필요한 조언 . 123

마흔에 다시 묻는 '안다는 것'의 의미 . 130

제4장 마흔, 불안을 다루다

불안한 시대, 어떻게 하면 무너지지 않을까? . 141

단단한 마음, 타고나는 걸까 길러지는 걸까? . 149

통제할 수 없는 것, 어떻게 함께 살 수 있나? . 157

상처를 마주하고, 어떻게 함께 걸어갈까? . 163

그림자와 마주하기, 내 안의 어두운 면을 외면하지 않는 법 . 171

빛과 그림자의 춤, 삶은 결국 균형 찾기 . 180

제5장 마흔, 관계를 다시 쌓다

사랑, 마흔이 되니 그 의미가 달라졌나 . 193

진정한 벗을 찾아서, 아직도 우정을 갈망하는가? . 199

타인의 빛이 된다는 것, 함께 빛나는 삶의 방식 . 205

중년의 품격, 불완전함이 주는 완전 . 210

흔들려도 괜찮아, 나를 받아들이는 시간 . 215

제6장 마흔, 성공을 재정의하다

성공 vs 실패, 진짜 의미는 무엇인가? . 227

진정한 성공, 세상의 기준과 어떻게 다를까? . 239

일상 속 작은 진실들, 놓치고 있지는 않은가? . 247

행복의 의미, 왜 점점 멀어진다고 느껴질까? . 253

미로에서 만난 삶의 지혜, 길을 잃고서야 깨닫는 것들 . 258

제7장 마흔, 일상을 다듬다

일상의 미학, 지친 마음을 어떻게 달랠까? . 275

삶을 변화시키는 7가지 지혜, 나에게도 적용될까? . 282

기깔난 삶을 만드는 4가지 습관, 어디서부터 시작할까? . 292

질문의 힘, 묻지 않으면 아무것도 시작되지 않는다 . 301

지금 이 순간도 내 삶의 한 조각, 어떻게 맞춰갈 것인가? . 309

제8장 마흔, 깊이를 더하다

마흔을 지나며 전하는 삶의 지혜 . 323
시간과 마주하기, 또 한 번 용기를 내야 할 때 . 331
나답게 살아가기, 결국 어떤 모습이 진짜 '나'일까? . 336
독서로 깊어지기, 책이 주는 새로운 가능성 . 342
욕망의 시대, 나는 흔들리지 않고 살 수 있을까? . 347

에필로그_ 내가 돌보지 않으면, 내 행복은 누가 돌보랴 . 358

부록을 활용하는 방법 . 361
부록 1. 8가지 개인 성찰 질문과 단계별 실천법 . 362
부록 2. 당신의 인생을 살아야 할 때- 자기 성찰 워크북 . 376

제1장

마흔, 시간과 마주하다

시간이라는 거울, 내 삶을 어떻게 비추는가?

깊은 산골 계곡에서 물소리를 듣다 보면, 마치 시간이 흐르는 소리도 함께 들리는 듯합니다. 옛 스님들은 그 고요한 흐름 속에서 시간의 참된 모습을 발견했다고 합니다. 그런데 지금 우리가 사는 도시는 어떨까요? 초 단위로 쪼개진 일정과 끊임없는 알림에 쫓기면서도, 정작 내가 진짜 원하는 시간은 놓치고 있는 건 아닐까—이런 생각이 문득 스칩니다.

분명 하루 24시간은 모두에게 똑같이 주어지는데, 시계가 가리키는 시간과 우리가 실제로 느끼는 시간은 참 다릅니다. 좋아하는 사람과 함께 있을 땐 한 시간이 순식간에 지나가지만, 지루한 회의 속 한 시간은 너무 길게 느껴지죠. 프랑스 철학자 앙리 베르그송은 이를 '물리적 시간'과 '내적 시간'으로 구분했는데, 마흔 즈음에 이르러 우리는 그 차이를 더욱 선명히 깨닫습니다. 스마트폰에서 울리는 한 번의 알림이 조급함을 불러오고, 잠시 눈을 감고 호흡에 집중하는 순간에는 깊은 고요가 깃드는—이 상반된 느낌이 하루에도 수차례 교차하기 때문입니다.

독일의 철학자 하이데거는 인간을 "시간 속에 던져진 존재"라고 표현했고, 중국 춘추시대의 노자는 "시간을 초월하는 도(道)"를 말했습니다. 얼핏 상반되어 보이지만, 이 두 관점은 우리 삶에 중요한 깨달음을 줍니다. 우리는 분명 시간 속에서 살아가지만, 어느 순간 완전히 시간을 잊은 듯한 자유를 맛보기도 합니다. 아이의 웃음소리에 빠져들거나 노을이 물드는 하늘을 바라볼 때처럼, 문득 찾아오는 고요에서 우리는 '시간에 쫓기지 않는 평화'를 경험합니다.

하지만 현대인의 시간 경험은 그 어느 때보다 복잡해졌습니다. SNS는 과거와 현재를 뒤섞고, 화상회의는 서로 다른 시간대에 있는 사람들을 동시다발로 연결합니다. 지구 반대편 소식이 실시간으로 전해지는 시대에, 정작 지금 이 순간을 살피지 못한 채 미래 일정만 걱정하는 모습이 낯설지 않습니다.

그러나 매 순간은 새롭게 찾아왔다가, 그대로 사라집니다. 그것을 한 덩어리로 이어 보며 우리는 "하루가 참 길었어" 혹은 "오늘 정말 순식간에 지나갔네"라고 말하곤 합니다. 마흔의 일상도 그렇습니다. 아침 출근길의 긴장, 회의실에서의 압박, 퇴근 후의 피로—모두 이어진 흐름처럼 보이지만, 사실은 각각의 순간이 고유한 의미를 품고 있습니다. 이 '의미'를 발견하는 것이야말로 시간을 깊이 있게 마주하는 방법이 아닐까요?

"시간은 흐르는 강물이 아니라 고요한 호수"라는 동양 시인의 말을 처음 접했을 때, 그저 아름다운 시구라고만 여겼습니다. 그런데 마흔이 되고 보니, 그 말이 전혀 다른 울림으로 다가옵니다. 지나간 시간도, 아직 오지 않은 시간도 모두 지금 이 순간, 내 마음이라는 호수에 담겨 있다는 깨달음—그것이 마흔이 우리에게 허락한 특별한 통찰일지도 모릅니다.

우리는 보통, 시작과 끝을 분명히 정하려 합니다.

'프로젝트의 시작과 끝, 직장 생활의 시작과 끝, 한 관계의 시작과 끝'처럼 말입니다. 그러나 자연은 그렇지 않습니다. 봄이 가면 여름이 오고, 여름이 지나면 가을이 옵니다. 끝이라고 여겼던 것이 사실은 또 다른 시작인 법, 마흔이라는 나이는 이 자연스러운 흐름을 비로소 이해하기 시작하는 시점입니다.

기술이 시간을 더 잘게 쪼개고, 1초 로딩도 길게 느껴지는 시대를 살수록 우리는 역설적으로 '천천히'라는 가치를 새삼 깨닫게 됩니다. 느긋하게 차를 마시는 시간, 책 한 권을 오롯이 몰입하여 읽는 여유, 가만히 별을 바라보는 멈춤의 순간이 주는 위로를 찾아가는 것입니다.

결국 마흔의 시간은 특별한 깊이를 갖습니다. 뒤돌아볼 추억과 경험이 충분히 쌓인 동시에, 미래의 가능성도 여전히 열려 있으니까요. 독일의 시인 릴케는 "우리가 시간이라 부르는 것은, 영원히 우리의 마음에 비친 그림자"라고 말했습니다. 과거에서 얻은 지혜와 미래를 향한 설렘을 함께 지닌 채, 이제 우리는 시간과 나란히 걸을 준비를 합니다.

나이가 들수록 되레 더 자유로워지는 이유는 시

간을 붙들려고 애쓰기보다 그 흐름과 춤추는 법을 배워가기 때문 아닐까요? 예전에는 더 빨리, 더 많이, 더 완벽하게 통제하려 했던 시간들이 사실은 나를 풍요롭게 만들어 준 자양분이었다는 걸 깨닫게 됩니다. 서두르지 않아도, 쫓기지 않아도, 지금 이 순간 그대로의 내 삶이 충분히 아름답다는 사실 말입니다.

아침마다 떠오르는 태양처럼, 우리에게는 매일 새로운 시작이 주어집니다. 때로는 시간을 깊이 있게 느끼고, 때로는 흐름에 몸을 맡기며 자연스럽게 나아가는 것이야말로 마흔의 지혜가 아닐까요. 진정한 자유란 시간을 지배하는 것이 아니라, 시간과 함께 춤추는 법을 배우는 것—이 거울 같은 시간을 통해 내 삶을 더 멋지게 비춰볼 수 있는 기회를 마흔에서 비로소 마주하게 된 것입니다.

★

흐르는 시간 속에서,
나는 어디로 흘러가고 있을까?

조선 후기의 학자 다산 정약용은 유배지에서 쓴 편지에 이렇게 말했습니다.

"강물은 흐르되 급히 흐르지 않으며, 소나무는 자라되 조급히 자라지 않는다."

느리게 보이는 자연의 움직임 속에, 사실은 삶의 깊은 지혜가 담겨 있습니다. 하지만 오늘날 우리는 빠른 변화와 끊임없는 성과를 추구하는 시대를 살면서, 이런 지혜를 놓치고 있는 건 아닐까요?

인생은 끊임없이 흐르는 강물과도 같습니다. 때로는 순풍에 돛을 달고 유유히 흘러가지만, 때로는 격렬한 급류에 휩쓸려 갈피를 잡지 못할 때도 있습니다. 그 과정에서 우리가 부딪히고 깨닫게 되는 모든 경험은 더 깊고 풍요로운 존재로 거듭나게 하는 자양분이 됩니다.

그런데 우리는 수많은 선택의 기로에서 흔들립니다. 내면의 소리를 따를 것인가, 아니면 주변이 기대하는 대로 움직일 것인가. 마치 조용한 숲속 어딘가에서 들려오는 희미한 속삭임처럼, 내 마음의 진짜 목소리는 쉽게 들리지 않습니다. 시끄러운 세상의 소음을 잠시 끄고, 스스로에게 집중해야만 그 미묘한 음성을 캐치할 수 있기 때문입니다.

어릴 적 저는 '모두가 기대하는 착한 아이'였습니다. 부모님과 선생님, 친구가 원하는 대로 행동하며, 한 번도 내 진짜 욕구를 자각하지 못했습니다. 그러던 어느 날, 마흔이 넘은 시점에서 문득 깨달았습니다.

"나는 지금 누구의 삶을 살고 있지?"

처음에는 두려웠습니다. 주변의 기대를 저버리는 것 같았으니까요. 하지만 용기를 내어 제 마음의 소리에 귀를 기울이기 시작했습니다. 그리고 작게나마 한 걸음 내디뎠을 때, 비로소 "내가 원하는 삶"이라는 실감이 찾아왔습니다.

그 과정은 마치 오래된 정원에서 잡초를 뽑아내는 일과 닮아 있었습니다. 겉으로는 그럴듯해 보이지만, 진짜 나에게 필요하지 않은 것이라면 과감히 버려야 했으니까요. 물론 잡초를 뽑고 난 자리에는 잠시 공허함이 찾아옵니다. 그러나 그 공백이야말로 온전히 '나만의 씨앗'을 심을 수 있는 공간이 되었습니다.

첫 책이 출간되고 나서도, 저는 한참 동안 스스로를 "작가"라고 부르지 못했습니다. "아직 부족해", "다른 작가들에 비하면 난 아무것도 아니지" 하며 완벽해지기 전까지는 가치가 없다고 여기는 마음이 사라지지 않았습니다. 그런데 어느 날 한 독자분이 편지를 보내왔습니다.

"선생님의 책 속 실수와 고민들이 저와 너무 닮아 커다란 위로가 되었어요. 거기서 해결책을 찾아가는 과정 덕분에 저도 해볼 수 있다는 용기를 얻었습니다."

그 편지를 읽는 순간, 오히려 내가 가진 결핍과 불완전함이 누군가에게는 큰 힘이 될 수 있음을 깨달았습니다. 우리가 지닌 가치는 완벽함에서 오는 것이 아니라, 실수와 고민 속에서 피어나는 진정성에서 드러나는 법이니까요.

일본의 금줄임(金継ぎ, 킨츠기) 예술을 떠올려 봅시다. 금으로 깨진 도자기를 이어 붙이면, 그 금빛 균열이 오히려 작품을 더 아름답게 만듭니다. 우리의 실수와 상처, 결함 또한 금색으로 메워질 귀한 흔적이라는 사실—그것이야말로 우리가 정말 인간답게 빛날 수 있는 이유입니다.

한편, 우리의 마음은 때로 광활한 바다에 비유할 수 있습니다. 날씨가 맑으면 잔잔하지만, 폭풍우가 몰아치면 거센 파도에 흔들립니다. 저 역시 직장을 떠나 혼자 서는 삶을 선택했을 때, 방향을 잃고 불안에 빠진 적이 수없이 많았습니다. 잠을 설치며 "내 능력이 이 정도밖에 안 되나?" 자책하며 보내던 어느 날, "네 마음이 잔잔한 호수가 되게 하라"는 옛 학자의 문장이 떠올랐고, 그때부터 매일 10분씩 명상을 시작했습니다. 덜컥 불안이 찾아와도, 그것을 억누르기보다는 지켜보고 흘려보내는 연습을 하며 마음의 바다가 조금씩 잔잔해졌습니다.

마음을 다스린다는 것은 감정을 없애거나 감추는 일이 아닙니다. 기쁨도 슬픔도, 성공의 희열도 실패의 아픔도, 모두 우리 삶의 일부임을 인정하고 받아들이는 태도입니다. 바로 그 순간, 우리는 진정한 평화를 경험하게 됩니다.

인생이라는 강물은 오늘도 쉼 없이 흐릅니다. 다산의 말처럼 느리게 흐르는 것 같아도 언젠가는 끝내 바다에 닿듯, 우리 역시 각자의 속도로, 각자의 방식으로 자신만의 바다를 향해 나아갑니다. 잠시 멈추어 소용돌이칠 때도 있고, 세차게 흐르다가 어느덧 잔잔해지는 순간도 찾아옵니다. 그 모든 과정이 나만의 이야기를 써 내려가는 여정이며, 강물이 흘러가면서 자연스럽게 자신만의 길을 만들어 내는 것처럼, 우리 역시 삶을 통해 '나'라는 존재를 조금씩 완성해 가는 것입니다.

때론 지치고 때론 흔들리더라도 "나는 어디로 흘러가고 있을까?"라는 물음을 품고 있다면 괜찮습니다. 어쩌면 우리가 갈 곳은 이미 정해진 목적지가 아니라, 흐름 그 자체를 즐기고 배우는 과정인지도 모릅니다. 모든 순간이 특별하고, 모든 경험이 소중한 씨앗이 됩니다. 그것이 삶이라는 강물이 우리에게 들려주는 가장 깊은 속삭임입니다.

삶과 죽음 사이, 어떤 흔적을 남길 것인가?

인생이라는 강물이 끊임없이 흐르듯, 그 흐름 속에서 우리는 결국 삶과 죽음의 경계를 마주하게 됩니다. 깊어 가는 밤, 창밖으로 비치는 달빛을 바라보다가, 우리는 문득 "우리 삶이 얼마나 짧은가" 하는 생각에 이릅니다. 고요한 순간, 삶과 죽음이라는 거대한 물음 앞에서 "나는 과연 누구이며, 어떻게 살아야 할까?" 하는 질문이 더욱 선명해집니다.

"만 년 동안 살 것처럼 행동하지 마라. 죽음은 항상 곁에 있다. 살아 있는 동안, 할 수 있는 동안, 선하게 행동하라."

이 오래된 지혜는 시간의 유한함을 일깨웁니다. 죽음이라는 렌즈를 통해 우리는 삶을 더욱 선명하게 인식하게 되죠. 한밤중 고요한 연못에 비친 달빛처럼, 죽음을 생각하는 순간은 우리의 현재 모습을 있는 그대로 비추는 거울이 됩니다.

얼마 전, 저는 아흔 살의 외할머니를 떠나보냈습니다. 치매로 요양원에 계시던 할머니는 가족도 알아보지 못할 때가 많았지만, 늘 잃지 않으신 건 그 따뜻한 미소였습니다. 어느 새벽, 마치 깊은 잠에 빠지듯 조용히 눈을 감으셨는데, 그 마지막 표정은 무척 평온해 보였습니다.

의외였던 건 장례식장의 분위기였습니다. 무겁고 슬플 줄만 알았는데, 전국에 흩어져 지내던 이모·삼촌·사촌들이 한자리에 모여, 할머니 생전의 이야기를 나누며 웃기도 하고 눈시울을 붉히기도 했습니다. 젊은 시절 일곱 남매를 키우며 농사짓고 장사하시던 이야기, 손주들 간식을 위해 약과를 숨겨 두시던 기억, 구수한 사투리로 들려주신 옛날이야기들…. 그 순간, 죽음이 반드시 어둡고 슬픈 것만이 아니라, 삶에 대한 깊은 추억과 사랑을 재발견하게 해 주는 계기가 될 수 있음을 깨달았습니다.

"자신을 이미 죽었다고 생각하라. 너는 이미 인생을 살았다. 이제 남은 시간을 올바르게 살아라."

이 말은 막연한 상상이 아니라 새로운 시작을 위한 깨달음입니다. 겨울을 딛고 봄날의 새싹이 돋아나듯, 죽음을 떠올리는 행위가 우리에게 새로운 생명력을 부여하기도 합니다. 할머니의 마지막 길이 멀어진 가족들을 다시금 이어 주었듯이, 죽음을 진지하게 마주함으로써 오히려 남은 시간을 어떻게 살 것인가를 고민하게 되니까요.

"어려운 시기에 가족과 함께한 기억이 우리를 지탱해 주듯, 죽음이라는 궁극의 순간 앞에서도 우리는 서로의 사랑과 지지로 흔들리지 않을 수 있다."

고요한 산사에서 폭풍이 몰아쳐도 소나무가 꿋꿋이 서 있듯이, 우리가 마지막까지 붙들어야 할 건 함께해 준 이들의 온기일 것입니다. 제 할머니 또한 몸은 약해졌으나, 미소만큼은 끝까지 잃지 않으셨습니다.

잠시 발걸음을 멈추고 물어봅니다. "우리가 진정으로 두려워하는 것은 죽음 자체일까, 아니면 삶에 대한 지나친 집착일까?" 이 질문은 마치 맑은 하늘에

떠 있는 구름처럼, '죽음에 대한 두려움'이 실은 '삶에 대한 집착'에서 비롯된 환상임을 일깨워 줍니다. 가을 낙엽이 바람에 흩어지듯, 세상의 명성과 영광도 결국 덧없이 사라지니까요.

"인간의 삶은 짧고, 우리가 사는 땅의 작은 구석에서만 이루어진다. 죽은 후의 명성마저도 곧 사라질 평범한 이들의 기억일 뿐이다."

명성과 영광이 덧없이 사라진다는 사실은 역설적으로, 지금 이 순간을 진실하게 살게 하는 힘이 됩니다. 할머니에게서 배웠듯, 진정한 유산은 세상이 알아주는 명예가 아니라 마음속에 남은 사랑과 추억입니다. 죽음을 마주하는 용기는 삶을 더욱 선명하게 보여 주는 스승이 되는 셈입니다. 모든 순간이 소중한 선물이며, 누군가에게 남기는 가장 큰 흔적은 결국 '사랑'이라는 사실도요.

실제로 할머니의 장례식에서, 서로 연락이 뜸했던 친척들은 옛 추억을 나누고 다시금 연결되었습니다. 죽음이 삶의 단절이 아니라, 새로운 이해와 사랑을 이끌어 내는 장이 될 수도 있다는 걸 절감했습니다. 깊은 밤 창밖 풍경을 보며 삶의 덧없음을 생각할 때, 우리는 "나는 어떤 흔적을 남기며 살아갈 것인가?"라는 물음과 마주합니다. 그리고 죽음이라는 렌즈로 삶을 비출 때, 비로소 더 진솔하고 충만한 태도로 오늘을 살 수 있게 되지 않을까요?

 죽음을 진정으로 이해하는 사람은 역설적으로 더 충만하게 살아갑니다. 그것이 제가 할머니의 마지막에서 발견한 또 하나의 선물이었습니다. 슬픔을 넘어, 새로운 이해와 사랑으로 이어지는 힘—우리는 그 힘을 통해 매 순간을 가치 있게 만들 수 있습니다. 삶과 죽음 사이, 결국 우리가 남길 흔적이란 '서로에게 건네는 작은 온기와 기억'이 아닐까 하는 생각이, 오늘도 가슴 깊숙이 아련하게 남아 있습니다.

전환점에서 마주치는 순간,
무엇을 깨닫나?

아침마다 거울을 보며 새로 생긴 주름이나 흰머리를 발견할 때가 있습니다. 예전 같지 않은 체력을 실감할 즈음, 한편으론 자녀 교육과 노후 준비, 또 다른 한편으론 부모님 부양까지 여러 책임이 동시에 몰려옵니다. 아파트 대출금에 휘청이는 월급과 끝없이 늘어가는 사교육비, 팀장 승진의 기쁨도 잠시, 상·하급자 사이를 조율해야 하는 중간관리자의 부담이 가슴을 짓누르죠. 가끔은 "이렇게 사는 게 맞나?" 하는 의문이 들기도 합니다.

이런 현실 속에서, 로마 제국의 황제 마르쿠스 아

우렐리우스가 남긴 《명상록》은 뜻밖에도 우리의 혼란과 불안을 다독여 줍니다. 권력의 정점에 있으면서도, 그는 자기 내면의 갈등을 솔직하게 기록했고, 깊은 삶의 통찰을 전해 주었죠. 특히 그의 5가지 핵심 가르침은 중년의 전환점을 살아내야 하는 우리 세대에게 마음의 등불이 되어 줍니다.

"당신을 해치는 사람들과 다르게 행동하라."

한때 직장 조직 개편으로 오랜 기간 공들였던 프로젝트 책임자 자리를 후배에게 빼앗긴 적이 있습니다. 소문에 의하면, 그는 저를 '구시대적인 리더'라고 평가절하했다고 하더군요. 분노와 배신감에 술로 밤을 지새우던 어느 날, 숙제하는 아들의 얼굴이 눈에 들어왔습니다. 그 순간 이런 생각이 들었습니다.

'내가 이 아이에게 어떤 모습을 보여 주고 있는 걸까?'

다음 날부터, 저는 마음을 바꿔 후배를 적극적으로 돕기 시작했습니다. 처음엔 자존심이 상했지만, 정작 그 후배의 신선한 관점을 배우게 되면서 팀의 시너지도 커졌고, 저 역시 한 발 더 성장할 수 있었습니다. 나를 해치는 사람과 똑같이 대응하는 대신, 더 넓은 시야를 선택하는 태도가 결국 나를 구해 준 셈이었습니다.

"당신이 생각하는 것만큼 당신은 중요하지 않다."

이 말이 처음에는 자존심을 건드리는 듯 느껴지지만, 동시에 묘하게 위로가 되기도 합니다. 매달 대출금과 자녀 교육비에 쫓기고, 은퇴 준비는 항상 부족하다고 느낄 때, "내가 감당해야 할 모든 것을 완벽히 해 내야 한다"는 압박은 엄청난 스트레스로 다가옵니다. 하지만 돌이켜 보면, 우리 부모님 세대도 비슷한 고민과 압박 속에서 살아왔습니다. 그들도 완벽하진 않았지만 결국 삶을 이어왔고, 지금은 손주들과 행복한 시간을 보내고 있습니다. "내가 생각하는 것만큼, 내 처지가 세상의 전부는 아닐 수 있다"는 깨달음은 오히려 마음을 가볍게 만들어 줍니다.

"현재 하고 있는 일에 집중하라."

스마트폰 알림에 시선이 빼앗기고, 부동산 뉴스나 아이의 미래 걱정에 마음이 분주해지는 시대에, '지금 이 순간'에 집중하기는 쉽지 않습니다. 얼마 전 건강검진에서 고지혈증 판정을 받았고, 의사는 "규칙적 운동과 스트레스 관리를 하라"고 조언했습니다. 남편 권유로 시작한 아침 산책이 처음엔 귀찮았지만, 지금은 제게 하루의 활력소가 되었습니다. 주말마다 공원에서 가볍게 뛰거나 걷는 짧은 시간이, 일상의 걱정거리를 정리하는 소중한 사색의 순간을 주었습니다. 눈앞에 있는 일에 집중하는 것만으로도, 우리는 의외의 평온을 얻을 수 있다는 사실을 배우게 됩니다.

"공동체에 해로운 것은 개인에게도 해롭다."

네 번째 통찰은 끝없는 경쟁과 성과 압박 속에서 살고 있는 우리에게 더욱 절실합니다. '나만 살아남으면 된다'는 생각이 팽배해질수록, 결국 모두가 고립되고 지치게 됩니다. 코로나19가 터졌을 때, 우리는 이미 경험했습니다. 한 사람의 안전이 곧 모두의 안전임을, 결국 공동체의 건강이 곧 개인의 행복이 될 수 있음을 말이죠. 층간 소음, 주차 문제, 재활용 분리수거 같은 사소한 갈등도 작은 배려와 양보로 인해 의외로 쉽게 풀리기도 합니다. 개인의 편의만을 좇을 때, 그 고립과 불편이 자신에게도 돌아온다는 걸 절감하게 됩니다.

"모든 것은 무상하다."

마지막 가르침은 중년의 위기를 오히려 지혜로 바꿔 줍니다. 머리카락이 희어지고, 몸이 예전 같지 않음을 느낄 때, 우리는 세월의 흐름을 부정하기 어렵습니다. 십 년 전, 중국 출장 중이던 여동생의 남편이 갑작스러운 사고로 세상을 떠났을 때, 저는 인생이 얼마나 무상한지 깨달았습니다. 아직 한창인 나이에 세상을 떠난 제부의 빈자리는 우리 가족에게 깊은 상처로 남았습니다. 그러나 여동생이 아이와 함께 고난을 꿋꿋이 이겨내는 모습을 보며, 비극 속에서도 우리가 다시 일어설 수 있는 힘이 있음을 알게 되었습니다.

인생이 짧고 모든 것이 덧없이 변한다는 자각은 역설적으로 "그래서 더 의미 있게 살아야겠다"는 결심으로 이어집니다.

이렇게 아우렐리우스의 5가지 지혜를 마음에 품고 현실을 돌아보면, 중간관리자로서 느끼는 경쟁과 부담, 사춘기 자녀와 소통하는 어려움, 노후 준비의 불안 속에서도 균형을 찾을 수 있습니다. 물질적 성공이나 완벽한 부모 역할을 꿈꾸기보다, 가족과 함께하는 저녁 식사나 소소한 대화가 진짜 가치임을 깨닫게 되니까요.

이제 내 나이 오십. 청춘의 혈기는 잃었지만 그 대신 깊이 있는 사고의 기쁨을 얻었습니다. 머리카락은 희어졌어도 마음은 점점 단단해집니다. 이천 년 전 한 황제의 고백이 오늘을 살아가는 우리에게 이토록 깊은 위안과 방향을 제시해 줄 줄은, 젊은 시절엔 상상도 못했습니다. 그러나 전환점에서 마주치는 순간엔 거창한 해답이 아니라, 일상 속 작은 실천이야말로 우리를 구해 주리라는 사실을 이제는 압니다. 그리고 그 작은 실천들이 모여, 결국 "우리가 걸어온 길이 그리 틀리지 않았다"는 안도의 미소로 이어집니다.

★

되풀이되는 시간, 왜 늘 같은 곳을 맴돌까?

 요즘 들어 문득, 옛 사진을 들춰보게 됩니다. 스마트폰 갤러리에 차곡차곡 쌓인 지난날들 혹은 서랍 속 낡은 앨범을 꺼내 한 장씩 넘겨보면, 이십 대의 풋풋했던 얼굴, 서른의 분주함이 어제 일처럼 생생히 떠오릅니다. 그런데 막상 지금에 집중해 보면, 하루하루는 왜 그리 길게 느껴지는 걸까요? 시간이라는 것은 참 묘합니다. 앞으로는 더디게 흐르는 듯하다가 뒤돌아보면 순식간에 지나가 버리니까요.

 마흔이라는 나이는 바로 이 시간의 한가운데에 서 있는 듯한 시기입니다. 뒤를 돌아보면 어른으로 산 지

이십여 해가 훌쩍 지나 있고, 앞으로도 비슷한 세월이 남아 있습니다. 이쯤 되니 새삼 다른 눈으로 세상을 보게 됩니다. 스무 살의 신입사원을 보며 "나도 저랬지" 하며 미소 짓고, 예순을 바라보는 선배의 이야기에 "곧 내 일이 될 수도 있겠다"는 공감이 생깁니다.

직장에서는 이제 '중간'이라는 위치가 익숙해졌습니다. 패기 넘치는 후배들의 제안을 들으며 "왜 안 되겠어, 해보자" 하다가도, 임원들의 경험과 통찰을 이해할 수도 있습니다. 사이에 끼어 피곤하기도 하지만, 사실 양쪽을 모두 이해할 수 있다는 게 마흔의 특별함 아닐까요? 후배들이 "이건 왜 안 돼요?" 하고 물으면 "이래서 안 돼"라고 단호히 말하다가도, "그래도 한번 해 보자"며 힘을 실어줄 수도 있으니까요.

문득 퇴근 후 카페에서 노트북을 펼쳐 무언가 배우는 동년배들을 볼 때면, 이십 대 시절 '두둥' 하는 모뎀 소리와 함께 PC통신 화면을 기다리던 때가 떠오릅니다. 인터넷, 이메일, 카카오톡, 유튜브, 메타버스, AI까지⋯ 디지털 문명의 격변기를 관통해 온 우리는 이제 웬만한 기술 변화를 만나도 "곧 익숙해지겠지" 하는 여유가 생겼습니다. PC통신에서 파워포인트로 밤을 지새우던 시절, "이걸 언제 다 배우나" 싶었는데, 어느덧 그것들이 일상이 되었듯이 말입니다.

사무실 풍경 역시 달라졌습니다. 예전엔 두꺼운 서류 바인더가 가득하던 책상이, 이제는 노트북과 모니터 하나면 충분해졌습니다. 팩스 종이가 떨어져 발을 동동 구르던 광경, 프린터 토너 하나에 온 부서가 난리였던 기억도 이젠 추억이 되었습니다. 가끔 신입사원들이 새로운 협업 툴을 능숙하게 다루는 모습을 보면 부럽다가도, 한편으로는 "우리가 지나온 길이 이들에게 나은 시작점이 되었구나" 하고 뿌듯해집니다.

시간이 쌓여가니, 일과 삶을 바라보는 시선도 달라집니다. 젊을 땐 주말 출근이 당연했고, 야근이 일상이었습니다. 하지만 지금은 "일이 전부가 아니고, 정시에 퇴근해도 세상이 무너지지 않는다"는 걸 압니다. 후배들이 밤늦게까지 회사에 남아 있으면 좀 안쓰럽기도 합니다. 그들도 놓치고 있는 것들이 무엇인지 곧 깨닫게 될 테니까요. 아이가 처음 걸음마를 떼는 순간, 부모님의 환갑잔치, 오랜 친구들과의 약속들… 뒤늦게 돌아보면 "그 야근들이 정말 그렇게 필요했을까?" 하고 생각하게 됩니다.

팬데믹은 우리의 일하는 방식을 또 한 번 전환시켰습니다. 정장 차림으로 출근하던 시절에서, 트레이닝복 차림으로 노트북 앞에 앉는 시절로 급격히 옮겨갔습니다. "마이크가 꺼졌습니다", "소리가 안 들려요"처럼 우왕좌왕하던 시기가 이제는 추억이 되었고, 온라인 수업이나 화상회의가 오히려 불필요한 잡담을 줄이고 집중도를 높이는 장점도 있다는 걸 배웠습니다. 한 공간에 꼭 모이지 않아도 함께할 수 있는 세상이라니, 신기하기도 하고 뿌듯하기도 합니다.

한편, 이런 빠른 변화 속에서 우리 부모님 세대가 처음 전기밥솥이나 컬러TV를 접했을 때 어떤 기분이었을지 떠올려 봅니다. 우리가 지금 느끼는 낯섦과 설렘을 그분들도 비슷하게 경험하지 않았을까요? 그리고 우리 아이들은 또 어떤 세상을 마주하게 될지 궁금해집니다. 이렇게 시간은 되풀이되면서도, 각 세대가 새로운 기술과 문화를 배워가며 사는 모습도 반복되는 듯하니까요.

그래서일까요. 마흔 즈음이 되면, 흰머리 한 가닥이 늘거나 체력이 예전만 못해지는 것도 어느새 자연스럽게 받아들여집니다. 젊은 날의 큰 실패라고 여겼던 일들도, 이제는 "다 그런 과정이 있지" 하고 쓴웃음 지으며 넘기게 됩니다. 후배들의 고민을 들을 때도, 예전에는 단박에 "이건 이거야"라고 답했다면, 이제는 한 번 더 생각하게 됩니다. 정답이라고 믿었던 것들이 사실 수많은 가능성 중 하나였음을 알게 되었으니까요.

가끔 저녁 무렵 동네 산책길을 걷다 보면, 한 손에는 스마트폰을, 다른 한 손으로는 오래된 나무의 거친 껍질을 만지작거리게 됩니다. 디지털과 아날로그, 빠름과 느림, 변화와 고요가 묘하게 공존하는 시간을 맛보는 것입니다. 옛날 같으면 뭐든 당장 해결해야 직성이 풀렸다면, 이젠 시간이 답을 가져다줄 것이라는 믿음이 생겼습니다.

어쩌면 되풀이되는 시간이란, 우리가 늘 같은 곳을 맴도는 게 아니라, 다른 관점으로 그 자리를 다시 돌아보게 되는 과정인지도 모르겠습니다. 누군가에게는 지금이 시작이고, 또 다른 누군가에겐 끝일 것입니다. 중요한 것은, 서로 다른 시간의 계절을 살아가는 모두가 함께 어우러져 있다는 사실 아닐까요? 체념이 아니라, 오히려 시간에 대한 믿음이 되어, 우리의 삶을 조금씩 깊어지게 만듭니다.

일상이 가르쳐 주는 지혜, 작지만 강력한 통찰

시간과 존재에 대한 깊은 성찰은 결국 우리의 일상으로 돌아옵니다. 과거와 현재 사이에서 고민하고, 인생의 전환점을 마주하며 깨닫게 된 진리들은 매일의 삶 속에서 실천될 때 비로소 빛을 발합니다. 조선 후기 학자 다산 정약용이 유배지에서 쓴 편지에 남겼다는 "강물은 흐르되 급히 흐르지 않으며, 소나무는 자라되 조급히 자라지 않는다"는 말처럼요.

때로는 느린 듯 보이는 자연의 움직임 속에, 오히려 인생의 깊은 지혜가 담겨 있는 법입니다.

느리게 흐르는 시간, 깊어지는 삶

인생은 끊임없이 흐르는 강물과 같습니다. 어느 땐 잔잔하고, 어느 땐 격류를 만나 몸부림칩니다. 하지만 호수처럼 고인 삶은 없듯이, 우리가 겪는 평탄과 격동은 모두 삶의 일부입니다.

마흔이 넘어가면 익숙한 것과 새로운 것 사이에서 끊임없이 선택을 요구받습니다. 이십 년 넘게 다닌 직장이 더 이상 안정적이지 않게 느껴지고, 자녀 교육과 노부모 부양이 동시에 어깨를 누릅니다. "이대로 괜찮을까?" 하는 질문이 머리를 스칩니다. '안주'할 것인지, '도전'할 것인지의 선택은 그리 단순하지 않습니다. 때론 현재를 지키는 데 더 큰 용기가 필요하고, 때론 변화를 수용하는 것이 지혜로울 수 있으니까요.

핵심은 어떤 길을 택하든 자신의 내면에서 비롯된 소리인지 묻는 것입니다. 타인의 시선이나 사회적 압박이 아니라, 진심에서 우러난 선택이라면 설령 실패하더라도 후회가 덜합니다.

침묵과 비움이 주는 힘

현대 사회는 끊임없는 소통을 강요합니다. 카톡과 이메일이 쉼 없이 울리고, SNS에는 늘 무언가를 올려야 할 것만 같습니다. 이 끊임없는 자극은 우리의 마음을 산만하게 만들고, 깊이 있는 사색을 방해합니다.

하지만 침묵에는 놀라운 힘이 있습니다. 동양의 선(禪)과 서양 수도원 전통에서 공통적으로 말하듯, 침묵은 단순히 입을 닫는 게 아니라 더 깊은 이해와 내면의 소리를 듣기 위한 적극적 행위입니다. 아침 새 소리나 바람 소리 같은 자연의 작은 신호도, 우리가 조용히 귀 기울일 때 비로소 들립니다. 그리고 그때 자신의 마음 역시 드러납니다.

침묵은 우리에게 '적막'이 아니라 '고요'를 선물합니다. 적막은 허무함일 수 있지만, 고요는 충만함과 평화를 가리킵니다. 말 없는 숲속의 새벽처럼, 아무것도 없는 듯 보이지만 실은 모든 것을 품고 있는 상태라고 할 수 있습니다.

또 한 가지, 비움이 주는 이로움도 빼놓을 수 없습니다. 물질적 풍요가 늘어나도 마음이 채워지지 않는 경험을 모두 해 보셨을 겁니다. 어쩌면 그건 내면의 공허를 외면하려고 더 많은 걸 채우려 했기 때문일지도 모릅니다. 하지만 진정한 풍요는 비움에서 시작될 때가 많습니다. "빈 그릇이기에 새로운 것을 담을 수 있다"는 말처럼, 집 안의 불필요한 물건을 정리하거나 과거에 대한 집착을 내려놓을 때, 우리는 가벼워지고 현재에 몰입하게 됩니다. 비움은 끝이 아니라 새로운 시작을 위한 용기 있는 첫걸음인 셈입니다.

우선순위와 선택의 순간

나이가 들수록 우리는 모든 걸 다 잘할 수 없다는 사실을 절감합니다. 직장 성과, 자녀 교육, 부모님 봉양, 자기 계발, 건강 관리 등… 한꺼번에 완벽한 균형을 맞추기는 거의 불가능합니다. 그러나 이 깨달음은 오히려 우리를 더 현명하게 만듭니다. 우선순위를 세우는 일이 곧 "어떤 삶을 살고 싶은가?"에 대한 성찰이기 때문입니다. 우리는 때로 승진을 포기하고 가족과의 시간을 택하거나 안정을 포기하고 새로운 도전을 선택하기도 합니다. 그 선택이 고통스럽지만, 거기서 삶의 방향이 분명해지고 가치관이 선명해집니다.

이때 중요한 건 '포기'가 아니라 '선택'이라는 마음가짐입니다. 같은 상황이라도 "승진을 포기했다"가 아니라 "가족과의 시간을 선택했다"고 인식할 때, 우리는 훨씬 능동적이고 긍정적인 태도를 가질 수 있습니다.

실패, 더 깊은 곳으로의 초대

중년의 실패는 젊은 시절과는 다른 무게로 다가옵니다. 가족과 사회에 대한 책임감이 더 크고, 회복할 시간도 적게 느껴지니까요. 하지만 이 무거운 실패야말로 우리가 인생의 본질을 다시금 묻게 하는 계기가 됩니다.

새로운 사업을 했다가 실패하거나 전직을 시도했다가 좌절하는 경험은 겉으론 손실처럼 보여도, 내면의 관점에서는 커다란 배움이 될 수 있습니다. 실패는 우리의 오만과 편견을 깨뜨리고, 타인의 실패도 더 깊이 이해하게 만들며, 무엇보다 삶의 진짜 가치가 어디에 있는지 돌아보게 합니다. 성공이 우리를 높은 곳으로 이끈다면, 실패는 더 깊은 곳으로 초대합니다. 그리고 때때로 그 깊이가 더 소중할 수 있습니다.

관계, 시간이 만들어 주는 선물

세월이 흐를수록 관계의 질이 더욱 중요해집니다. 오랜 시간 함께한 배우자와는 말 없이도 통하는 눈빛이 생겨나고, 젊은 시절의 열정적 사랑은 잔잔한 신뢰와 배려로 변모합니다. 따뜻한 물 한 잔이나 피곤해 보일 때 건네는 작은 위로가 수많은 달콤한 말보다 더 깊은 사랑을 보여 주기도 합니다.

성인이 된 자녀와는 더 이상 일방적인 훈육이 아닌 상호 존중의 관계로 발전합니다. 아이의 성공을 기뻐하고 실패를 묵묵히 지켜봐 주는 어른이 된다는 건, 쉽지 않지만 가장 성숙한 사랑의 형태일지도 모릅니다.

오랜 친구들과는 사회적 성취나 실패에 상관없이 깊이 교감할 수 있게 됩니다. 젊은 시절을 떠올리면 다들 굴곡이 있었지만, 이제는 그 외적인 성취보다 함께 걸어온 시간이 관계를 지탱하는 핵심임을 깨닫습니다. 부모님과의 관계도 크게 달라집니다. 한때 전지전능해 보이던 부모님이 점점 약해지는 모습을 보면서, 생로병사의 자연스러운 순리를 받아들이게 됩니다. 부모님을 보살피고 지켜드려야 하는 입장이 된 지금, 그분들의 사소한 반복이나 잔소리에도 더 너그러운 마음이 생겨납니다. 그것이 곧 우리를 향한 사랑임을 알게 되었기 때문입니다.

멈춤과 흐름이 교차하는 인생

강물이 때로 소용돌이치듯, 우리의 삶도 종종 멈춤과 혼돈을 겪습니다. 멈춰 선 시간은 얼핏 정체로 보이지만, 그 안에서 더 깊은 웅덩이를 만들어 낸다는 자연의 이치처럼, 우리도 새로운 깨달음을 얻을 수 있습니다. 반면, 빠르게 흐르는 시간은 성취와 발전을 가져옵니다. 이 두 시간의 교차가 삶을 풍요롭게 만듭니다.

계절이 돌고 돌아 봄이 오면 꽃이 피고, 여름에 무성해졌다 가을에 결실을 맺은 뒤 겨울에 다시 새봄을 준비하듯, 우리의 삶도 순환하며 끊임없이 새로워집니다. 한 계절의 끝이 새 계절의 시작이 되는 것처럼, 한 시기의 종료가 다음 시기의 토대가 됩니다.

깊어지는 나이, 단단해지는 삶

세월이 흘러 젊음의 활기는 예전만 못할지 몰라도, 그 자리를 더 큰 가치가 채우곤 합니다. 오래된 나무가 깊은 뿌리로 숲을 지키듯, 우리도 세월이 준 지혜로 삶을 단단히 지탱하게 되었습니다. 폭풍을 이겨낼 만큼의 강인함은 젊은 나무가 흉내 내기 어려운 법입니다. 그리고 가장 중요한 깨달음은, 우리가 혼자가 아니라는 사실입니다.

마치 숲의 나무들이 뿌리로 서로 연결되어 있는 것처럼, 우리도 보이지 않는 끈으로 이어져 있습니다. 한 사람의 지혜와 성장은 곧 모두의 자산이 되고, 그렇게 함께 만들어 가는 이해와 연대가 더 깊은 의미를 만들어 냅니다.

결국, 일상 속 깨달음이란 우리의 삶을 더 높이, 더 멀리, 그리고 무엇보다 더 깊이 이끌어 줍니다. 이젠 내면으로 눈길을 돌려볼 시간입니다. 마치 강물이 흘러 바다에 도달하듯, 시간과 존재에 대한 성찰은 우리 내면의 세계로 흘러들어가 더 큰 신비와 지혜를 마주하게 하니까요. 그것이 일상이 가르쳐주는 작은 통찰의 힘이며, 사실은 아주 강력한 시작점입니다.

성찰 질문 & 실천 미션

성찰 질문

1. "오늘 하루는 나에게 어떤 '속도'로 흘러갔을까?"

때로는 시간이 참 더디게 가는 듯하지만, 돌아보면 순식간에 지나가 버리기도 합니다. 오늘 하루를 되돌아보며, 내 몸과 마음이 느낀 속도는 과연 어땠는지 적어 보세요.

2. "지난 십 년과 앞으로의 십 년, 어느 쪽이 내게 더 선명하게 다가올까?"

과거 십 년을 떠올리면, 생생한 기억과 아쉬움이 떠오를 수도 있고, 미래 십 년을 생각하면 설렘과 막연함이 교차할 수도 있습니다. 두 시점을 비교해 보며, 내가 더 집중하고 있는 방향은 어디인지 살펴 보세요.

3. "시간이 가장 멈춘 듯 느껴지는 순간은 언제였나요?"

일상 속에서 전혀 시간이 흐르지 않는 것처럼 느꼈던 순간이 있나요? 행복한 일에 몰입했을 때 혹은 지루함에 사로잡혔을 때 등, 각각의 경험을 떠올려 봅시다. 그 순간을 대하는 내 감정도 함께 기록해 보세요.

실천 미션: '나만의 시간 지도' 그리기

매일을 '그냥 흘려보내는' 대신, 어떤 감정을 느꼈는지 색깔로 표현해 보면 좋습니다. 아래 예시 색상은 자유롭게 변형해도 좋습니다.

붉은 시간: 열정적이고 에너지가 넘치는 순간
파란 시간: 고요하고 깊이 있는 순간
초록 시간: 성장하고 배우는 순간
보라 시간: 사색과 생각에 잠긴 순간
노란 시간: 다른 사람과 함께 어울리는 순간

실행 방법

1. 오늘 하루의 주요 장면을 4~5개 정도 떠올려 보세요.

예: 오전 9시 팀 미팅, 점심시간에 친한 동료와 대화, 오후 3시 중요한 보고서 작성, 저녁 운동, 밤에 가족과 대화….

2. 각 장면에 대해 가장 어울리는 색을 골라 표시해 봅니다.

"오전 9시 팀 미팅은 붉은 시간(열정적)과 노란 시간(협업)이 섞인 느낌이었다" 등.

3. 하루를 전체적으로 돌아보며, 어떤 색깔이 가장 많았는지, 어떤 순간이 가장 인상 깊었는지 간단히 메모합니다.

팁

- 꼭 5가지 색에만 제한할 필요는 없습니다. 필요하면 "회색 시간(무기력한 순간)", "주황 시간(새로운 도전을 느낀 순간)"처럼 추가하거나 바꿔도 좋습니다.
- 일주일 정도 꾸준히 해 보면, 내 시간 패턴과 감정 변화를 좀 더 객관적으로 파악할 수 있습니다.

1장의 핵심 깨달음: 시간은 흐르는 것이 아니라 쌓이는 것

"나의 하루하루는 흘러가는 시간이 아니라, 차곡차곡 쌓이는 '삶의 재료'다."

- 모든 순간은 우리를 만들어 가는 재료가 됩니다.
- 과거와 미래 사이에서, 우리는 늘 '지금'을 살아갑니다.
- 시간의 속도는 '내 마음'이 결정합니다.

성찰 질문과 실천 미션은 우리가 "시간이라는 거울"에 비친 자신의 모습을 조금 더 구체적으로 마주하도록 돕는 작은 도구입니다. 하루 중 잠깐이라도 시간을 내어 적어 보면, 시간을 소비하는 대신 누적시키는 관점이 생겨납니다.

- 성찰 질문으로 '오늘 혹은 지난 십 년과 앞으로의 십 년'을 곰곰이

떠올리며, 내 마음이 어디로 쏠려 있는지 인식해 보세요.
- '나만의 시간 지도'를 그리며, 하루를 색깔로 나타내면 내 감정 변화와 활동 상태를 한눈에 파악할 수 있습니다.
- 이 모든 과정의 토대는 "시간은 흐르는 게 아니라 쌓이는 것"이라는 깨달음입니다. 나를 만들고 있는 순간들을 의식하고 살필수록 내 삶에 더 주인의식이 생길 것입니다.

다음 장으로 넘어가기 전, 잠시 마음의 거울을 꺼내어 오늘 하루를 되짚어 보세요. 과연 나는 어떤 시간들을 쌓아가고 있을까요?

제2장

마흔, 내면을 들여다보다

내면의 나침반,
진짜 방향은 어디를 가리키나?

옛 스승이 제자에게 물었습니다.

"네가 들고 있는 나침반은 언제나 북쪽을 가리키느냐?"

"그렇습니다. 그것이 나침반의 본질이니까요."

스승이 다시 물었습니다.

"폭풍우가 치고 천둥 번개가 내리쳐도 그러하냐?"

제자는 잠시 생각하더니 이내 고개를 끄덕였습니다.

"외부가 아무리 혼란스러워도, 바늘은 흔들리지 않습니다."

스승이 미소 지으며 말했습니다.

"그것이 바로 네 마음가짐이 되어야 하느니라."

우리는 매일 끊임없이 울리는 카톡 알림, 쏟아지는 뉴스, 치열한 회사 분위기 속에서 살아갑니다. "우리 아이는 어떻게 키울까?", "앞으로 노후는?", "이직을 해야 하나 말아야 하나?" 수많은 고민이 머릿속에서 뒤엉키지만, 그 혼란 가운데서도 변하지 않는 진실이 있습니다. 마치 폭풍 속에서도 북쪽을 가리키는 나침반처럼, 우리 내면에도 흔들리지 않는 방향감이 필요하다는 것입니다.

얼마 전 지하철에서, 옆에 앉은 젊은 청년이 통화하는 것을 들었습니다. "엄마, 나 면접 떨어졌어." 힘없이 흐느끼는 목소리에 주변 승객들이 걱정스런 눈길을 보냈습니다. 면접관 한마디에 하루 혹은 한 달이 무너지고, "저런 대답 때문에 탈락인가요?"라는 글이 계속해서 취준생 카페에 올라옵니다. 그러나 정작 그 평가가 우리의 전부일 수 있을까요? 누군가의 시선이 우리의 가치를 결정할 수 있을까요?

내 감정은 내가 지켜야 할 소중한 영역입니다. 조선 시대 율곡 이이는 "마음을 다스리는 것이 나라를 다스리는 것보다 어렵다"고 했습니다. 그만큼 자기 통제가 쉽지는 않지만, 진정으로 자유로워지려면 감정부터 관리해야 합니다. 이것이 "감정을 억누르라"는 뜻은 아닙니다. 타인의 화려한 SNS에 초조해하지 않고, 동료의 험담에 휘둘리지 않으며, 나만의 페이스를 지켜가는 것―바로 그것이 진정한 자기 통제입니다.

"카톡 방 나가기"가 괜히 어려운 것도, 관계를 끊는다는 두려움 때문일 겁니다. 그러니 마음에 들지 않는 대화를 나누거나 수많은 단톡방도 억지로 유지하곤 합니다. 하지만 때론 홀로 있는 것이 자연스러운 선택일 수도 있습니다. 청산 깊은 골짜기에서 홀로 피어나는 맨드라미처럼, 혼자 보내는 시간이 오히려 풍요로울 때도 있으니까요.

"더 이상 연락하지 맙시다"라는 문자 한 통에 무너지는 대신, 내 곁에서 따뜻한 커피를 건네주고, 퇴근 후 저녁 식사를 같이 하며 웃어주는 사람에게 집중해 보는 것은 어떨까요. 매일 아침 "어머니, 잘 주무셨어요?"라며 안부를 묻고, 퇴근길에 "오늘 저녁 뭐 먹을까?"라고 물어주는 배우자에게 마음을 더 쏟는 것이 결국 현재를 사는 지혜가 될 것입니다.

인생의 여정에서 우리는 언제든 예상치 못한 좌절을 만날 수 있습니다. 승진 탈락, 창업 실패, 투자 손실… 그러다 보면 한순간에 모든 경력이 멈춰 선 것처럼 느껴집니다. 시간이 흐른 뒤에야 깨닫습니다. 오히려 그 실패가 새로운 길을 열어 주었고, 진짜 성장을 이끌어 내기도 한다는 사실을요. 누군가에게는 커다란 불행 같았던 일이, 나중에 축복으로 바뀌는 상황이 의외로 많습니다.

동양 우화 중 도망간 말 이야기처럼, 당장은 손해 같아 보이는 일이 언젠가 이익을 가져다줄 수도 있고, 반대로 성공이 성장을 멈추게 하기도 합니다. 마치 겨울이 오면 잎을 떨구는 나무처럼, 우리도 때론 내려놓아야 새로운 시작을 맞이할 수 있습니다. 힘들고 두려워도, 그 과정을 내면의 나침반으로 삼아 견뎌 보라는 것입니다.

강물은 흐르고 계절은 바뀌며, 사람들은 오고 갑니다. 가끔은 방향을 잃어버린 느낌에 혼자만 뒤처진 것 같을 수도 있습니다. 그러나 괜찮습니다. 당신은 지금도 충분히 잘 해내고 있습니다. 매일 아침 지하철에 몸을 싣는 당신, 늦은 밤까지 과제와 씨름하는 당신,

육아와 일을 병행하며 지친 어깨를 이끌고 걷는 당신—참으로 자랑스러운 모습입니다.

흔들리는 시대, 불안한 일상 속에서도 우리는 각자만의 별을 향해 걸어갑니다. 때론 느리게, 때론 잠시 멈춰 쉬면서 말입니다. 그러다 보면 서로를 다독이고 위로하며 함께 길을 찾아가게 됩니다. 그것이 어쩌면 우리가 발견한 작지만 확실한 행복일 수도 있겠습니다.

당신의 내면에 있는 나침반을 믿으세요. 그리고 기억하세요.

"우리는 결국 모두 빛나는 별이 된다."

이 생각이 흔들릴 때마다, 나침반 바늘처럼 마음의 중심이 북쪽을 가리키도록 스스로를 다잡아 보시기 바랍니다.

마음의 요새,
안전한 방어인가 고립인가?

　인간의 영원한 고뇌는 어쩌면 자신의 한계를 인정하지 못하는 데서 비롯되는지도 모릅니다. 도시의 밤하늘에서 희미해진 별들처럼, 현대인의 마음속에서도 진정한 자아는 점점 더 잡히지 않는 빛이 되어 가고 있습니다.

　노예에서 철학자로 거듭났던 에픽테토스의 삶은, 그의 철학이 현실에서도 얼마나 유효한지 보여 주는 생생한 증거이기도 합니다. 외부 환경과 조건에 상관없이 인간은 내면의 자유를 지킬 수 있다는 그의 가르침은, 끊임없이 성과와 인정을 추구하며 지쳐가는 현대인들에게 특별한 울림을 줍니다.

디지털 시대, 무한 비교의 덫

디지털 기술의 발달로 우리는 그 어느 때보다 타인의 삶을 실시간으로 비교하기 쉬워졌습니다. 소셜 미디어는 끊임없이 더 나은 라이프 스타일, 더 멋진 순간을 전시하며 우리를 자극합니다. 그 속에서 불필요한 열등감과 정체 모를 불안이 생성됩니다. "나는 과연 제대로 살아가고 있는가?", "남들은 나보다 앞서 있는 것 같은데?" 무한 경쟁과 비교의 소용돌이에서 우리는 과연 무엇을 '내 것'이라 할 수 있을까요?

글로벌 비즈니스 현장에서 일하던 시절, 저 역시 통제 불가능한 요소들과 끊임없이 씨름해야 했습니다. 환율 급변, 예측 불가능한 국제 정세, 갑작스런 회의… 어느새 삶의 리듬이 깨져가는 걸 느꼈습니다. 그러다 어느 날 과감한 선택을 했습니다. 매일 아침 6시부터 7시까지는 디지털 기기를 아예 보지 않기로 한 것입니다. 처음에는 불안했지만, 시간이 흐를수록 이

'디지털 단식' 시간이 오히려 하루 중 가장 소중한 순간이 되었습니다.

스토아 철학: 통제 가능한 것과 통제 불가능한 것

폭풍우 치는 바다 위의 등대처럼, 에픽테토스의 가르침은 혼돈 속에서도 우리가 지켜야 할 방향을 밝혀 줍니다. 그는 인간의 영역을 명확히 구분했습니다. 우리의 생각, 판단, 의지는 완전히 통제 가능한 내면의 영토이고, 타인의 평가, 사회적 지위, 물질적 성공 등 외부 요인은 우리의 통제를 벗어난다는 것입니다.

동양의 공자 역시 "자기가 할 수 없는 일로 근심하지 말라(莫愁不能行)"고 말했습니다. 진정한 자유는 역설적으로 자신의 한계를 인정할 때 찾아옵니다.

현대 사회는 모든 것이 가능하다고 유혹하지만, 그것이야말로 더 큰 좌절을 낳곤 합니다. 자기 계발서는 "무엇이든 될 수 있다"고 외치고, 광고는 "불가능은 없다"고 주장합니다. 그러나 우리는 결국 타인이나 외부 상황을 온전히 통제할 수 없습니다. 스토아 철학이 말하는 자유는 현실을 회피하거나 부정하는 게 아니라, 현실을 있는 그대로 인정하되 그 안에서 내가 바꿀 수 있는 부분을 선택하고 행동하는 태도입니다.

현대 심리학의 인지행동치료(CBT)도 사건 자체보다는 그 사건에 대한 해석이 감정을 결정한다고 말합니다. 다시 말해, "문제를 부정하지 말고 받아들이되, 내 반응을 다르게 선택할 수 있다"는 것입니다.

에픽테토스가 말했듯 "자유란 일이 바라는 대로 되는 것이 아니라, 일이 되는 대로 그것을 바라는 것"입니다. 이것은 체념이 아니라, 있는 그대로의 현실을 인정하고 그 안에서 내가 할 수 있는 일에 집중하는 지혜입니다.

마음의 요새를 짓는 건축가

매일 아침 차를 마시며 저는 스스로 묻습니다.
"오늘 내가 통제할 수 있는 것과 없는 것은 무엇일까?"

날씨는 바꿀 수 없지만, 우산을 챙기는 것은 내 선

택입니다. 타인의 평가는 내 영역 밖이지만, 최선을 다하는 것은 나의 몫입니다. 아이의 성적을 직접 통제할 순 없지만, 함께 공부를 도와주고 격려하는 것은 가능합니다. 이렇게 구분하다 보면, 하루하루가 한결 명료해집니다. 무엇보다 마음의 안정을 찾게 됩니다.

흔들리는 세상 속에서도 흔들리지 않는 중심을 찾는 것—그것이 에픽테토스가 일깨워 준 영원한 지혜입니다. 우리는 각자 자신의 내면에 견고한 요새를 쌓아가는 중입니다. 물론 이 과정은 쉽지 않습니다. 그러나 저는 매일 아침 떠오르는 태양을 보며 생각합니다. "어제의 폭풍우가 오늘의 고요한 바다를 만들었듯, 모든 흔들림은 결국 우리를 더 단단하게 만드는 자양분이 된다"는 사실을요.

어쩌면 우리 모두는 마음의 요새를 짓는 건축가일지도 모릅니다. 겉으로 보기엔 고립처럼 보일 때도 있지만, 사실은 내면의 안전을 확보하는 일이 필요하니까요. 여기에 에픽테토스가 말했던 진정한 자유가 피어납니다. 삶이 주는 온갖 도전과 실패, 예측 불가능한 상황들을 외면하지 않고 있는 그대로 받아들이되, 거기서 내가 바꿀 수 있는 부분에 힘을 쏟는 태도—

그것이 안전한 방어이자, 결국 자기 자신을 지키는 든든한 요새가 되는 법입니다.

'나'와 마주하기, 나는 정말 누구인가?

　동양의 현자들은 늘 진정한 승리가 외부 세계의 정복이 아니라, 내면의 정복에서 시작된다고 말했습니다. 공자는 "자신을 이기는 것이야말로 가장 큰 승리"라 했고, 맹자는 "내면의 수양을 통해 큰 힘을 기른다"고 강조했습니다. 서양에서도 비슷한 통찰을 찾을 수 있습니다. 소크라테스의 "너 자신을 알라"라는 격언은 자기 이해의 중요성을, 스토아 철학자들은 내면의 평화를 통한 진정한 자유를 이야기했습니다.

외부의 소음 속에서 나를 잃다

퇴근 후 늦은 저녁, 거울 앞에 선 순간—문득 "나는 오늘 하루 종일 어디에 있었나?" 하는 생각이 들 때가 있습니다. 하루 종일 회의실을 누비고, 업무 메일에 파묻히고, 동료들과 경쟁을 벌이느라 정작 나 자신은 온데간데없이 사라진 느낌이 듭니다. 현대 사회는 끝없는 성장과 성공을 요구하지만, 진짜 성장의 시작점은 사실 내면에 있다는 사실을 종종 잊고 사는 것 같습니다.

아침에 스마트폰을 켠 순간부터 밀려드는 끊임없는 알림과 메시지, SNS 속 타인의 화려한 성공담은 우리 마음을 흔들고, 업무용 메신저의 붉은 알림 점은 잠시도 쉴 틈을 주지 않습니다. 이처럼 소란스러운 일상 속에서 스스로의 중심을 유지하기란 결코 쉽지 않습니다. 때로는 '나'라는 존재 자체를 잃어버린 듯한 허무감이 엄습하기도 합니다.

자기 이해가 필요한 순간

한번은 팀 회의에서, 제가 몇 달간 준비해 온 프로젝트 계획이 단 몇 분 만에 부서장에게 기각된 일이 있었습니다. 순간 분노와 좌절감에 자리를 박차고 나가고 싶었지만, 차분히 숨을 고르고 감정을 조절했습니다. 그리고 냉정하게 돌아보니, 부서장의 지적에도 일리가 있음을 깨달았습니다. 이후 수정된 계획이 더 나은 결과를 가져왔다는 사실에서, 다시금 감정을 다스린다는 것이 중요하다는 걸 실감했습니다.

물론 감정을 다스리는 일이 억누르라는 뜻은 아닙니다. 오히려 그 반대입니다. 스스로의 감정을 있는 그대로 인정하고, 그것이 어디서 오는지를 이해하며, 지혜롭게 다루는 법을 배우는 것입니다. 이는 마치 숙련된 조련사가 말을 다루듯, 내면의 감정을 조율하는 기술이기도 합니다.

잃어버린 '나'를 되찾는 길

얼마 전 만난 대학 동창은 대기업 임원이 되었지만, 끊임없는 성과 압박에 시달리고 있었습니다.

"남들이 보기엔 성공이지만, 정작 내가 누구인지 잊은 채 살아왔어."

그의 이야기는 우리의 고민을 대변합니다.

그렇다면 어떻게 '나'를 찾을 수 있을까요? 매일 저녁 잠들기 전 10분, 하루를 돌아보는 작은 습관부터 시작해 보면 어떨까요. 그날 내가 어떤 감정을 느꼈고, 그 감정이 나를 어떻게 이끌었는지 가만히 관찰하는 것입니다. 처음엔 어색하고 별것 아니게 느껴지겠지만, 이런 사소한 습관이 쌓이면 우리는 점차 자신을 더욱 깊이 이해하게 됩니다.

일상 속에서 발견하는 자기 성찰

사무실에서 후배와 갈등이 생긴 날, 예전 같으면 짜증을 내고 끝났을 상황이었습니다. 그런데 잠시 멈춰 내 감정을 들여다보니, 어떤 불안이나 두려움이 내 반응을 크게 만들었는지 깨닫게 되었습니다. 덕분에 다음 날 후배와 더 나은 대화를 시도할 수 있었습니다. 이처럼 자기 이해와 성찰은 하루아침에 이뤄지지 않습니다. 정원을 가꾸듯 꾸준한 관심과 노력이 필요합니다. 아침 명상으로 하루를 열고, 운동으로 몸과 마음을 단련하며, 저녁엔 독서와 하루 성찰로 스스로를 돌보는 작은 실천이 모여 결국 우리를 변화시킵니다.

가끔 이런 노력이 무의미해 보일 때도 있습니다. 특히 업무 성과나 눈에 보이는 결과를 중시하는 사회에선, 내면을 들여다보는 시간이 사치처럼 여겨질 수도 있습니다. 하지만 역설적으로, 자신을 이해하고 다스리는 능력이야말로 진정한 성공의 기반이 됩니다. 내면의 평화를 잃은 성공은 사상누각에 불과합니다.

마흔, 내면의 여행을 시작하기 좋은 시기

특히 마흔 즈음이 되면, 젊은 시절의 맹목적인 열정은 잦아들지만 그 대신 더 깊은 지혜와 통찰을 얻을 수 있습니다. 이제는 남들의 시선이나 사회적 기준에서 한 발 떨어져, 진정한 '나다운 삶'이 무엇인지 고민할 여유가 생기는 때이기도 합니다.

"마흔 전에는 남들이 만들어 준 지도를 따라 달렸다면, 이제는 내 지도를 직접 그려갈 때야."

어느 선배의 이 말처럼, 마흔이 되면 비로소 내면의 나침반을 찾아야 할 때가 옵니다. 그 나침반은 외부의 소음이 아니라, 내면의 소리에 귀 기울일 때 비로소 선명해지는 법입니다.

자아를 정복한다는 것은 남을 제압하는 싸움이 아니라, 나를 이해하고 받아들이는 과정에 가깝습니다. 이것은 거창한 전쟁이 아니라, 평화로운 정원을 가꾸는 일처럼 느껴지기도 합니다. 나의 약점과 결점조차 자연스럽게 받아들일 때, 비로소 진정한 평화와 성장이 시작됩니다.

거울 속의 나, 있는 그대로 괜찮다

오늘도 아침 거울 앞에 서면, 어제보다 늘어난 주

름과 흰머리가 보입니다. 하지만 그것들은 치열하게 살아온 우리의 흔적이며, 앞으로 더 깊어질 지혜의 표식이기도 합니다. 거울 속 나에게 이렇게 속삭여 보세요.

"네가 걸어온 길도, 지금 서 있는 자리도, 앞으로 걸어갈 길도 다 의미가 있어. 완벽하지 않아도 괜찮아. 지금 이대로의 너도 충분히 아름답잖아."

이 작은 자기 위로와 수용이야말로, 우리가 진정한 자아를 정복하고 더 성숙한 삶으로 나아가는 첫걸음이 될 것입니다.

작은 마음,
어떻게 넓힐 수 있을까?

인생의 깊이를 더해 가다 보면 문득 떠오르는 질문이 있습니다.

"행복해지기 위해 더 많은 것을 가져야 하는 걸까, 아니면 지금 가진 것에 만족할 줄 알아야 할까?"

이천 년 전, 로마의 철학자 세네카는 마치 현대인의 고민을 꿰뚫어 보듯 명쾌한 답을 제시했습니다.

"진정한 가난은 적게 가진 것이 아니라 끝없이 더 많은 것을 바라는 마음에서 온다. 우리를 괴롭히는 것은 현실이 아니라 미래에 대한 불안이며, 상처는 그것을 준 사람이 아니라 그에 대한 우리의 분노가 더 크다. 새로운 곳으로 도망가는 것보다 중요한 것은 우리 자신을 바꾸는 것이다."

그의 말처럼, 때로 우리를 괴롭히는 것은 현실의 부족함이 아니라 영원히 채워지지 않을 욕망일 때가 많습니다.

현대인의 삶을 돌아보면, 어쩌면 끊임없이 '더 나은 것'을 갈망하는 갈증 속에 빠져 있는지 모릅니다. 새로운 장난감을 금방 싫증 내는 아이처럼, 어른들도 무엇인가를 얻을 때마다 잠시 기뻐하지만 곧 시들해지고 다시 다른 것을 갈망합니다. 갈증 난 사람이 바닷물을 마실수록 목이 더 마르듯, 욕망을 채우려는 시도는 오히려 더 큰 공허와 갈증을 불러올 때가 많습니다. 노자는 말했습니다. "가득 차면 기울고, 넘치면 흘러나간다." 무언가를 끊임없이 담으려 하기보다 넘치지 않도록 덜어내는 지혜가 필요합니다.

몇 해 전, 스스로도 그런 갈증에 시달렸던 저는 이십 년 넘게 다닌 회사를 그만두고 작은 영어 공부방을 열었습니다. 안정적 수입을 포기하는 게 과연 옳은 선택인가 고민도 많았고, 실제로 초반에는 수입이 많이 줄어 불안했습니다. 그런데 시간이 흐르면서 "진정한 안정감은 외부 조건이 아니라 내면의 평화에서 온다"는 사실을 깨닫게 되었습니다. 다소 힘들어도 아이들과 함께 책을 읽고 대화하는 시간은 이전에 누리지 못했던 깊은 만족과 보람을 선사했습니다. 갈증을 채우려 동분서주하던 예전의 삶보다 덜 화려해 보일지 모르지만, 훨씬 더 풍요로운 마음을 느낍니다.

상처 역시 우리 마음이 빚어내는 또 다른 부담입니다. 누군가의 말이나 행동 때문에 상처받았다 해도, 실제로 우리를 더욱 괴롭히는 것은 종종 그 일을 계속 되새기고 원망하는 우리의 태도일 때가 많습니다. 한 동료 교사는 십 년 전 선배의 무시하는 행동에 깊이 상처받고, 결국 회사를 떠났다고 합니다. 우연히 다시 만난 그 선배는 그 일을 기억조차 못하고 있었지만, 그 교사는 아주 작은 사건으로부터 십 년이라는 긴 세월 동안 괴로움을 키워온 셈이었습니다. 상처가 아물지 않는 건 때로 외부 요인보다, 우리가 그 상처를 붙들고 놓아주지 않기 때문이라는 사실을 보여 줍니다.

사람들은 종종 힘든 상황에서 도망치거나 전혀

다른 일을 시작하려고 합니다. 그러나 근본적 해결 없이 단지 도망치듯 떠나는 경우라면, 똑같은 문제는 마치 그림자처럼 다시 따라옵니다. 근본적인 해법은 '내가 바꿀 수 없는 것'과 '내가 바꿀 수 있는 것'을 구분하고, 후자에 집중해 스스로 성장하는 데 있습니다. 회사나 환경을 바꿔서 문제가 해결되지 않는다면, 결국 우리가 바꿔야 할 대상은 우리 자신일 확률이 높습니다. 부모가 자녀의 성적 부진을 걱정한다며 학습량을 늘리려 할 때, 정작 아이는 자신만의 속도로 꾸준히 성장하고 있기도 합니다. 그 불안을 아이에게 전이시키는 대신, 부모가 스스로의 불안을 들여다보고 다스리는 쪽이 더 중요한 경우가 많습니다.

마음의 거울 앞에 서는 일은 생각만큼 쉽지 않습니다. 거기에는 우리가 숨기고 싶었던 약점, 결핍, 상처가 고스란히 비칠 수 있기 때문입니다. 그러나 그 두려움을 이겨내고 자기 마음을 직면해야 비로소 원하는 변화를 얻을 수 있습니다. 많은 것을 가졌어도 만족을 모르거나 조금만 상처받아도 쉽게 무너지는 것은 결국 우리의 '마음 그릇'이 작기 때문일지 모릅니다. 그릇이 작으면 물이 조금만 들어와도 넘쳐서 불안해지고, 한 방울의 오염도 크게 부풀어 오릅니다. 반면 마음이 넓어지면 웬만한 풍파에도 중심이 흔들리지 않습니다.

절 마당에 놓인 돌탑 앞에서 매일 같은 시간을 보낸다는 한 스님의 이야기가 떠오릅니다. 돌은 달라지지 않는데, 보는 이의 마음에 따라 돌이 달리 보인다는 것입니다. 바깥세상은 늘 바뀌고, 우리가 속한 환경도 예측하기 어렵게 변하지만, 우리의 마음이 한결같이 고요를 유지한다면 달라진 조건에 휩쓸리지 않고 잠시 멈춰 호흡할 수 있습니다. 이것이 정말 '작은 마음'을 벗어나 '넓은 마음'으로 가는 핵심 아닐까요?

아이들에게도 같은 질문을 해 봅니다.

"진짜 필요한 건 무엇이고, 잠시 반짝할 뿐인 욕망은 무엇일까?"

또 어른들에게 묻습니다.

"도망치고 싶은 건가요, 아니면 진정 새로운 것을 향해 나아가고 싶은 건가요?"

이 질문에 답하려면, 우리는 결국 마음의 거울 앞에 서서 담담히 자신을 들여다봐야 합니다. 그 거울에 비친 자신을 부끄러워하지 않고 인정하며, 부족한 부분은 조금씩 채워나가고, 필요 없는 부분은 놓아 줄 수 있어야 합니다.

욕망을 내려놓고 현재의 삶을 충실히 살라고 해도, 그것이 무조건 '가진 것에만 만족하라'는 뜻은 아닙니다. 오히려 자신이 진정 원하는 일이 무엇인지를 깨닫고, 남들과 비교하기보다 '내가 바꿀 수 있는 것'에 집중하라는 메시지에 가깝습니다. 마음의 그릇을 넓힌다는 것은 곧, 헛된 갈증과 상처에 휘둘리지 않고 내면의 안정과 성장을 추구하는 태도이기도 합니다. 그러려면 조금은 덜 소유하고, 조금은 덜 집착해 보는 연습이 필요합니다.

하루에 한 번 정도, 바쁜 일상 속에서 잠시 멈춰 하늘을 올려다보고 깊이 숨을 내쉬어 보는 건 어떨까요. 그 순간, 내 마음속 공간이 얼마나 넓고 깊은지 깨닫게 될지 모릅니다. 작은 마음을 확장하는 길은 거창한 도약이 아니라, 이런 사소한 습관과 깨달음에서 서서히 시작되는 것 같습니다. 그리고 그 길을 걸어가다 보면, 우리 삶의 진정한 크기는 과연 '가지고 있는 것'이 아니라 '마음의 넓이'로 결정된다는 사실을 조금씩 체험하게 되지 않을까 기대해 봅니다.

내 마음의 정원,
제대로 돌보고 있나?

우리 인생에는 때때로 예기치 않은 폭풍이 찾아옵니다. 마흔을 지나면서 우리는 삶의 지도에 표시되지 않은 미지의 영역을 탐험하게 됩니다. 디지털 세상의 끊임없는 비교와 성취의 압박 속에서 내면의 균형을 유지하기란 쉽지 않은 과제가 되었습니다.

경력의 정점에 서 있을지 모르지만, 동시에 한계와 노화의 첫 신호를 감지하기 시작합니다. 가족, 직장, 사회적 책임이 어깨를 짓누르는 사이, 우리는 어느새 자신만의 시간과 공간을 잃어버리게 됩니다.

이 시기의 불안은 단순한 피로감을 넘어섭니다.

"이렇게 사는 것이 맞나", "내가 진정 원하는 것은 무엇인가", "무엇을 위해 이토록 달려왔는가"와 같은 근원적인 질문들이 고요한 순간마다 떠오릅니다. 외부에서 제시하는 빠른 해결책들은 임시적인 위안을 줄 뿐, 진정한 평화는 자신의 내면을 성실히 가꾸는 과정에서 비로소 자라납니다.

인간의 내면세계는 정원과 같다고 할 수 있습니다. 어떤 씨앗을 심고 어떻게 가꾸느냐에 따라 우리의 삶은 전혀 다른 모습으로 피어난다고 봅니다. 고대 로마의 현인 마르쿠스 아우렐리우스는 "삶의 행복은 생각의 질에 달려 있다"고 했고, 동양의 퇴계 이황도 "마음이 고요할 때 비로소 참된 이치를 볼 수 있다"고 말했습니다. 결국 우리의 사고방식이 마음 정원의 토양에 해당한다고 할 수 있으며, 이 토양이 비옥할수록 어려운 상황도 성장의 기회로 바꿀 수 있습니다. 비록 혼란과 불확실성은 종종 우리가 길을 잃게 만들지만, 바로 그 혼란이 더 깊은 이해와 성장을 이끄는 나침반이 된다고 믿습니다.

디지털 시대는 마음 정원을 가꾸는 데 새로운 도전이자 기회를 제공합니다. 현대인은 하루 평균

3~4시간, 많게는 7시간 이상을 스마트폰과 함께하며 끊임없는 정보의 홍수 속에 살아갑니다. 무분별한 디지털 기기 사용이 마음의 정원을 황폐하게 만들 수도 있지만, 현명하게 활용한다면 이는 오히려 정원을 가꾸는 도구가 될 수도 있습니다. 이 과정은 우리 감정의 본질을 이해하는 것에서 출발합니다. 불안을 찬찬히 들여다보면, 단순히 두려움이 아니라 오히려 성장에 대한 열망이 숨어 있다고 생각합니다. 겨울의 차가운 바람이 봄을 예고하는 것처럼, 불안이라는 감정도 우리에게 특별한 메시지를 전할 수 있습니다.

하루 중 특정 시간을 정해 의도적으로 디지털 기기에서 벗어나는 '디지털 디톡스'는 마음 정원을 가꾸는 하나의 실천이 될 수 있습니다. 반면에, 마음 챙김 앱이나 운동 관리 앱을 사용하는 것은 디지털을 현명하게 활용하는 예일 것입니다. 결론적으로, 문제는 외부 환경을 완전히 바꾸려 하기보다 내 마음의 상태를 인식하고 다듬는 쪽에 있다고 봅니다.

진정한 위로는 침묵 속에서 시작된다는 말이 있습니다. 혼자만의 시간에 차분히 감정을 들여다보고, 그 안에서 해답을 찾는 과정은 고독이 아닌 자기 자신과의 진솔한 대화라 할 수 있습니다. 저녁 산책길에 만나는 고요함, 일기장에 쓰는 솔직한 감정, 명상 속에서 마주하는 내면의 목소리는 우리를 치유로 이끈다고 믿습니다. 아침에 눈을 뜨는 순간 "오늘 나는 어떤 상태인가"를 살피고, 하루의 끝자락에서 "오늘 하루는 어떤 의미였는가"를 돌아보는 습관은 내면을 점차 단단하게 만들 것입니다.

이처럼 내면에 집중하는 과정은 완벽한 평온을 찾는 게 아니라, 삶의 모든 순간을 있는 그대로 받아들이는 지혜를 배우는 일에 가깝습니다. 사계절이 저마다의 빛깔로 의미를 갖듯, 우리 삶의 모든 순간도 그 자체로 아름답다고 생각합니다. 봄의 설렘, 여름의 열정, 가을의 성찰, 겨울의 고독이 한데 모여 우리 인생을 완성해 주듯이, 흔들리는 순간과 불안 역시 삶의 조각이라고 믿습니다.

마흔이라는 시기는 젊음의 활기와 중년의 통찰이 만나는 특별한 시기입니다. 이 무렵이 되면, 완벽하지 않아도 괜찮고, 때로는 멈추어도 된다는 것을 조금씩 실감하게 됩니다. 그리고 무엇보다 우리가 이미 충분히 의미 있는 존재임을 깨닫게 됩니다.

내면을 들여다보면, 거기에는 상처나 사랑, 아직 드러내지 못한 재능 같은 씨앗이 있을 수 있습니다. 혼란스럽고 불확실한 감정은 오히려 그 씨앗이 자라고 있음을 보여 주는 신호가 될 수도 있습니다. 불안과 걱정이 엄습할 때마다, "이 또한 내가 성장하는 과정"이라고 생각해 보면 어떨까요. 마음 정원을 어떻게 가꾸느냐에 따라 같은 상황도 전혀 다른 결말로 이어질 수 있다고 믿습니다. 지금 우리 안에 있는 씨앗들을 세심하게 살피고 돌본다면, 외형적인 성공보다 더 깊고 그윽한 행복을 누리게 될지도 모릅니다. 이미 소중한 존재인 스스로를 믿고, 종종 흔들릴지라도 마음의 정원을 부지런히 돌본다면, 언젠가 우리의 삶이 이전과는 다른 빛으로 물들어 있을 것입니다.

부정적 생각, 억압이 답일까 아니면 활용이 답일까?

부정적 생각을 어떻게 다루어야 하는지는 마음의 정원을 가꾸는 과정에서 중요한 숙제라고 생각합니다. 우리는 종종 부정적 생각이라는 잡초와 마주하게 되는데, 이는 질긴 뿌리를 가진 잡초처럼 우리의 내면 깊숙이 자리 잡곤 합니다. 하지만 이를 다루는 지혜를 배운다면, 오히려 더 풍요로운 정원을 가꾸는 거름이 될 수 있다고 믿습니다.

얼마 전 만난 한 젊은 의사가 떠오릅니다. 그는 대학병원 응급실에서 밤 근무를 하며, 매일 생과 사의 갈림길에 놓인 환자들과 마주한다고 했습니다. 처음에는 모든 상황을 완벽하게 통제하려 했고, 예측할 수 없는 응급 상황에 극심한 불안을 느꼈다고 합니다. 그런데 어느 날, 한 나이 든 환자가 건넨 말이 그의 삶을 바꾸었다고 합니다.

"젊은 의사 선생님께서 할 수 있는 최선을 다하면 그걸로 충분해요. 나머지는 받아들이면 됩니다."

그의 말은 완벽을 추구하며 불안에 시달리던 젊은 의사에게 커다란 깨달음을 주었습니다.

현대인들의 불안 수준이 크게 높아졌다는 연구 결과가 있습니다. 특히 젊은 세대는 끊임없이 자기 검열을 하고, 통제하기 힘든 미래를 걱정하며 지금 이 순간의 행복을 놓치고 있다고 생각합니다. 예측하기 어려운 내일에 대한 두려움, 닿을 수 없는 꿈을 향한 아쉬움이 우리의 마음을 복잡하게 만듭니다. 그러나 이천 년 전의 고대 로마 황제 마르쿠스 아우렐리우스나 노예 출신의 철학자 에픽테토스도 우리와 같은 고민을 하며 삶의 바닥에서 진정한 자유를 발견했습니다. 이들의 가르침은 시간을 건너 지금을 사는 우리에게도 여전히 유효한 울림을 줍니다.

삶은 봄바람에 흔들리는 풀잎처럼 예측할 수 없는

움직임으로 가득합니다. 변화가 빠른 시대일수록 불안은 깊어지기 마련입니다. 이럴 때일수록 옛 철학자들의 지혜는 맑은 샘물과 같다고 생각합니다. 우리가 진정으로 다스릴 수 있는 것은 결국 자신의 마음뿐이고, 세상의 모든 일을 완벽하게 통제하려는 욕심을 내려놓아야 더 큰 자유를 누릴 수 있습니다. 종종 괴로움을 일으키는 것은 일어난 일 자체가 아니라, 그것을 바라보는 우리의 생각입니다. 같은 비가 내려도 누군가는 슬픔에 잠기고, 다른 이는 생명의 기쁨을 느끼듯이, 세상을 바라보는 눈빛을 바꾸는 것만으로도 전혀 다른 풍경을 마주할 수 있습니다.

내일을 알 수 없다는 점은 누구나 아는 사실입니다. 그렇기에 더욱 지금 이 순간이 소중하다고 여깁니다. 이런 깨달음은 우리 할머니들이 늘 말씀하시던 "오늘 하루만으로도 감사하자"와 같은 지혜와도 이어집니다. 현재의 숨결에 집중하는 순간, 진정한 평화가 찾아온다고 생각합니다.

가진 것의 귀함을 아는 마음이야말로 가장 큰 지혜입니다. 늘 부족하다고 느끼는 시선으로는 결코 갈증이 해소되지 않습니다. 길거리에서 직접 재배한 채

소를 파는 할머니를 뵌 적이 있습니다. 더우나 추우나 같은 자리에 앉아 계시는 분이었는데, 언젠가 저와 이야기를 나누며 손주 사진을 보여 주시면서 말씀하셨습니다.

"사는 게 힘들다 힘들다 해도, 저녁에 가족들 밥숟가락 놓는 소리만 들어도 가슴이 따뜻해져요."

저는 그 말에서 결국 진정한 행복은 만족할 줄 아는 마음이라는 결론을 다시금 확인했습니다. 끊임없는 비교와 성장을 압박하는 사회 속에서도, 우리에게 진정으로 필요한 것은 더 많은 소유가 아니라 깊은 감사의 시선이라고 생각합니다.

이렇게 옛 철학자들의 지혜는 머리로만 이해할 것이 아니라, 매일의 삶 속에서 몸으로 익혀야 한다고 봅니다. 아침에 눈을 떴을 때의 첫 호흡부터, 밤에 잠자리에 들기 전의 마지막 생각까지, 모든 순간이 깨달음의 무대가 될 수 있습니다. 흔들리는 시대에도 흔들리지 않는 마음을 갖추려면, 결국 자기 자신을 들여다보고, 미흡한 부분과 부족함까지도 받아들이며, 가꾸는 노력이 필요하다고 느낍니다.

이런 가르침은 삶이 힘들 때 피하라고 말하는 것

이 아니라, 오히려 흔들림 속에서 그 의미를 찾으라는 메시지입니다. 부정적 생각이 일어나는 것을 억누르기만 하는 게 아니라, 그것을 발판 삼아 더 단단한 자신을 만드는 과정이 필요합니다. 우리 모두는 때로 넘어지고 흔들리며 아파합니다. 그것은 잘못이 아니라 살아 있음을 증명하는 증거가 됩니다.

이천 년 전의 지혜는 의외로 소박한 일상에서 더욱 빛납니다. 길 잃은 듯 헤매는 순간에도 가족들이 저녁 식사 자리에 모이는 소리만 들어도 마음 한편이 따뜻해진다는 할머니의 말씀처럼, 평화는 멀리 있지 않습니다. 별이 어두운 밤하늘에서 빛나듯이, 우리 마음속 평화도 언제나 그 자리를 지키고 있다고 생각합니다. 지금도 수많은 사람들이 서로 다른 자리에서 자기 삶을 묵묵히 이어가고 있을 것입니다. 일상의 작은 순간에서 기쁨을 발견하고, 서로를 보듬으며 내일로 나아가는 우리의 발걸음이 결국 더 깊고 온전한 평화를 향해 가는 길이라고 믿습니다. 흔들리는 마음을 다독이고 함께 걸어가는 이 여정 안에서, 우리는 진정한 안식을 찾게 될 것이라고 확신합니다.

성찰 질문 & 실천 미션

성찰 질문

1. "오늘 당신의 마음을 가장 많이 흔든 것은 무엇이었나요?"

어떤 사건이나 말이었는지 혹은 스스로의 내면에서 일어난 감정이었는지 돌아보시기 바랍니다.

2. "통제할 수 있는 것과 없는 것을 구분한다면, 오늘 가장 많은 에너지를 쏟은 것은 어느 쪽이었나요?"

통제 불가능한 일에 너무 많은 힘을 쓰고 있지 않은지 점검해 보세요.

3. "오늘 하루, 당신의 내면의 나침반은 어느 방향을 가리켰나요?"

외부 상황에 흔들리기보다, 스스로의 가치와 목표를 따라갔는지 스스로 묻고 답해 보세요.

실천 미션: 마음의 정원 돌보기

오늘 하루 동안 다음 미션을 시도해 보세요.

□ **아침: 디지털 기기를 켜기 전 5분간 침묵 지키기**

조용히 숨을 고르고, 오늘의 마음 상태를 살피는 짧은 시간을 가져 봅니다.

□ **출근 전: 오늘 내가 통제할 수 있는 것들을 적어 보기**

무엇을 바꿀 수 있고, 무엇은 바꿀 수 없는지 구분하면서 에너지를 어디에 집중할지 결정합니다.

□ **점심시간: 혼자만의 고요한 시간 10분 가지기**

자리에서 잠시 벗어나거나 다른 곳에 얽매이지 않고 스스로에게 집중하는 시간을 가져 봅니다.

□ **업무 중: 부정적 생각이 들 때 잠시 멈추고 심호흡하기**

깊이 들이마시고 내쉬는 동작만으로도 생각을 한 걸음 떨어져 바라보는 여유가 생깁니다.

□ **귀가 후: 하루 동안의 감정 변화 기록하기**

가장 기뻤던 순간, 가장 힘들었던 순간 등을 적어 보며 스스로의 마음 흐름을 인식하는 습관을 길러 봅니다.

2장의 핵심 깨달음: 폭풍 속에서도 나침반은 북쪽을 가리킵니다

– 외부 환경이 아무리 혼란스러워도, 내면의 중심은 잃지 않을 수 있습니다.

- 통제할 수 없는 것들을 받아들이는 것이 첫 번째 자유입니다.
- 결국 당신의 마음이 가리키는 방향이 곧 당신의 길임을 잊지 마세요.

팁

- 폭풍우 치는 바다에서도 등대는 길을 잃지 않듯이, 우리의 내면도 작은 습관과 질문을 통해 흔들림 없이 지켜낼 수 있습니다.
- 하루 중 틈틈이 "나는 지금 통제 가능한 일에 집중하고 있는가?"를 떠올리는 것만으로도 마음의 평정을 유지하는 데 큰 도움을 줍니다.

이 구성을 참고하여 2장의 끝자락에서 스스로를 점검하고, 작은 실천을 통해 내면을 돌보는 데 도움을 얻으시길 바랍니다. '폭풍 속에서도 나침반은 북쪽을 가리킨다'는 메시지를 되새기며, 매일의 일상 속에서 내면의 균형과 평화를 찾아가는 계기가 되기를 바랍니다.

제3장

마흔, 지혜를 만나다

고전이 말해 주는 것, 오늘의 나에게 통할까?

　고전은 우리에게 진정으로 무엇을 말해 줄 수 있을까요? 인류가 문명을 이루기 시작한 이래로 끊임없이 던져 온 가장 근원적인 질문은 '어떻게 살아갈 것인가'입니다. 현대 사회의 복잡성과 불확실성 속에서 이 질문의 무게는 더욱 무거워지고 있습니다. 고대 스토아 철학자들이 제시한 3가지 핵심 사유, 즉 아모르 파티(Amor Fati), 공동체를 위한 봉사, 그리고 메멘토 모리(Memento Mori)는 단순한 격언 이상의 의미를 지닙니다. 이들은 이천 년이라는 시간을 넘어 오늘날을 사는 우리에게도 여전히 절실한 가치를 전해 주기 때문입니다.

인생에서 운명을 받아들이고 그것을 사랑한다는 말은 수동적인 체념이 아닌, 우주의 흐름과 하나 되어 춤추는 태도에 가깝습니다. 마치 강물이 바위를 만나 흐름을 바꾸듯, 우리의 삶에도 예측 불가능한 시련이 찾아옵니다. 니체가 "필연적인 것을 아름답게 만들라"고 말했듯이 아모르 파티는 단순한 긍정을 넘어 삶을 있는 그대로 수용하고 그 속에서 의미를 발견하도록 이끕니다.

저 역시 글로벌 비즈니스 현장에서 수많은 예측 불가능한 시장 변동과 실패를 경험했습니다. 특히 2008년 금융위기 당시, 오랜 시간 공들였던 프로젝트들이 하루아침에 무너지는 과정을 지켜보았습니다. 그때의 시련은 역설적으로 새로운 시장을 개척하는 계기가 되었습니다. 운명을 단지 감내하는 것을 넘어서 그 속에서 의미를 찾고, 배울 점을 발견하고, 더 나은 방향으로 나아가는 태도가 바로 운명과 함께 춤추는 아모르 파티의 실천이라고 생각합니다. 이는 작은 실패도 성장의 밑거름으로 활용하는 삶의 기술로 이어집니다.

인간이 혼자 살아갈 수 없다는 점은 스토아 철학이 꿰뚫어 본 인간 본질입니다. 개인의 행복은 공동체의 번영과 분리되지 않으며, 마르쿠스 아우렐리우스가 말했듯 "한 벌의 꿀이 되어 공동체에 봉사"하는 삶에서 진정한 의미가 싹틉니다. 선행은 그저 남을 돕는 행동이 아닌, 자기 자신을 확장하고 깊이 있는 만족에 이르는 길입니다. 경쟁이 극심해지고 물질적으로 풍족해 보이는 현대 사회에서도, 여전히 많은 이들이 고립감과 공허함을 느끼는 이유 중 하나는 진정한 연결과 기여를 충분히 누리지 못했기 때문입니다. 작은 친절이나 나눔, 동료와 이웃을 위한 배려 같은 사소한 실천도 결국 공동체를 더욱 풍요롭게 하고, 우리 스스로를 더 성숙하게 만든다는 사실은 익히 알려져 있습니다.

죽음을 기억하며 사는 태도는 지금 이 순간을 더욱 선명하게 살라는 권고입니다. 세네카가 "매일을 마지막 날처럼 살라"고 말했듯이, 우리의 시간은 유한하기에 더욱 소중하다고 믿습니다. 죽음은 삶의 모든 순간을 의미 있게 만드는 렌즈가 됩니다. 오늘 하는 대화가 마지막이 될 수 있다고 상상해 보면, 서로에게 좀 더 진심 어린 말을 건네게 됩니다. '메멘토 모리(Memento Mori)'는 두려움에 빠지는 것이 아니라, 오히려 인생의 우선순위를 명확히 하고 자기다운 선택을 할 수 있는 자유를 안겨 줍니다. 모든 것이 영원하지 않다는 사실을 깨닫는 순간 '오늘'이라는 시간이 훨씬 귀중하게 다가옵니다.

이 3가지 사유, 즉 운명을 사랑하는 태도와 공동체를 향한 봉사, 그리고 죽음을 기억하는 마음은 상호 밀접하게 연결되어 있습니다. 운명을 사랑하는 자세는 결국 타인과 세상을 받아들이는 관용을 키우고, 타인을 위한 봉사는 자기 고립을 넘어서 더욱 넓은 세계를 체험하게 해 줍니다. 죽음을 인식하는 태도는 하루하루를 더욱 진실하게 살도록 이끌고, 우리를 삶의 본질로 인도합니다. 이러한 태도들은 현시대에 더욱 절실한 해답이 됩니다. 빠른 변화와 성과주의에 매몰될 때, 우리는 종종 삶의 근본 목적을 잃어버리기 쉽기 때문입니다.

현대인들에게 이 철학이 더욱 유효한 이유는, 불확실성에 대비하려는 우리의 본능적인 욕구를 제대로 다루는 방향을 제시하기 때문입니다. 운명을 사랑하는 삶은 실패나 좌절을 '나를 성숙시키는 과정'으로 인정하는 것이며, 공동체적 봉사는 개인의 고립을 넘어 서로 연결되어 있음을 느끼게 해 줍니다. 죽음을 기억하는 태도는 시간을 낭비하지 않고, 한 번뿐인 인생을 자기다운 방식으로 살도록 독려합니다. 이 모든 것은 결코 관념적인 주장이 아니라, 삶을 풍성하게 만드는 실천적 지혜로 작동합니다.

결국, 이 가르침들은 우리를 더 높은 차원의 존재로 이끌기 위한 안내서가 됩니다. 남의 시선에 치우치지 않고, 매 순간 온전히 깨어 있으며, 내가 가진 재능을 타인을 위해 쓰는 삶을 살 때, 한층 성숙해진 자아와 만나게 됩니다. 그 과정에서 일어나는 변화는 외부가 아닌 내면에서 비롯되는 깊은 변화가 됩니다. 운명을 사랑하는 자세, 공동체적 봉사, 죽음을 기억하는 마음은 삼위일체처럼 이어져 우리의 존재를 더욱 단단하게 만들어 줍니다.

고전이 전해 주는 메시지는 오늘날에도 충분히 통할 수 있습니다. 고대와 현대의 세계가 외형적으로는 달라 보이지만, 인간이 마주하는 본질적 고민은 크게 다르지 않기 때문입니다. 하루하루의 일상에서 실천

될 수 있을 때 비로소 진정한 빛을 발합니다. 매일 아침 내 운명을 맞이하며, 주변을 돌아보며 도움이 될 수 있는 길을 찾고, 삶이 유한함을 떠올리며 현재에 몰두한다면, 언젠가 우리는 스스로를 더 깊이 이해하고 더욱 넓은 길로 나아갈 기회를 얻게 될 것입니다. 고전이 말해 주는 지혜가 오늘의 우리에게 통한다면, 그것은 단순한 과거의 유산이 아니라 우리가 살아가는 이 순간을 더 선명하고 뜨겁게 만들어 줄 힘이 될 것입니다.

스토아 철학,
중년을 어떻게 위로할까?

폭풍우 앞의 등대처럼, 중년의 혼란 속에서도 안정을 찾게 해 주는 지혜가 있습니다. 세월의 파도가 몰아치는 사십 대, 우리는 예상치 못한 난관과 마주합니다. 경력의 전성기를 지나며 새로운 질문에 직면하고, 처음으로 자신의 유한함을 진지하게 바라보게 됩니다. 한 손에는 자녀의 꿈을, 다른 손에는 노부모의 건강을 쥐고 있는 샌드위치 세대의 책임감은 때론 숨조차 쉬기 어렵게 만듭니다. 직장에서는 성과와 혁신을 동시에 요구받고, 거울 속 자신의 모습은 조금씩 낯설어집니다.

이 시기에 고대 로마에서 전해지는 지혜는 우리에게 특별한 깨달음을 줍니다. 산골짝의 호수는 바람이 불어와도 수면 아래는 한결같이 고요하다는 말처럼, 우리의 마음도 겉으로는 많은 일이 일어나더라도 속은 흔들리지 않는 경지에 이를 수 있다는 것입니다. 동양의 '산중고수(山中古樹)' 사상과도 통하는데, 오래 바람을 견딘 나무가 단단히 뿌리를 내리듯 우리도 내면을 단련할 수 있다는 뜻입니다.

로마의 철학자 에픽테토스는 "우리를 힘들게 하는 것은 사건 자체가 아니라, 그 사건을 어떻게 생각하느냐이다"라고 말했습니다. 퇴근길 지하철에서 휴대폰을 들여다보며 한숨을 쉬는 우리 자신을 떠올려 보면, 이 말을 곱씹어 볼 필요가 있습니다. 똑같은 상황도 다르게 바라볼 수 있다는 점이 결국 마음의 평화를 지키는 핵심이기 때문입니다.

얼마 전 부친상에서 우연히 만난 오랜 친구가 있었습니다. 한때는 꿈과 열정을 함께 나누던 사이였지만, 각자의 바쁜 삶에 연락이 뜸해진 지 오래였습니다. 장례 절차가 끝난 뒤 잠시 나눈 대화 속에서 그는 "가족을 위해 열심히 달려왔는데 가끔 내 길이 어딜

향하는지 모르겠다"는 고민을 털어놓았습니다. 아버지의 빈자리를 실감하며 삶의 방향에 대한 근본적 질문을 던지는 듯 보였습니다. 스스로 통제할 수 없는 일이 얼마나 많은지를 생각해 보면, 결국 우리가 선택할 수 있는 것은 어떤 관점으로 받아들이고 무엇을 배울 것인가 하는 부분입니다. 친구와 헤어진 뒤 "바람을 온몸으로 견뎌 온 바위처럼 내 마음의 중심을 지켜내려면 어떻게 해야 할까?" 하고 다시금 자문하게 되었습니다.

구름이 해를 가려도 해는 그대로라는 말이 있습니다. 어려운 상황에 부딪혀도 우리 자신의 진짜 가치는 결코 흔들리지 않는다는 것을 상기시키는 표현입니다. 스토아 철학에서 가장 중요한 가르침 중 하나도 이것입니다. 상황은 내 의지와 무관하게 변할 수 있지만, 그 상황을 받아들이는 태도와 반응만은 전적으로 내가 선택할 수 있습니다. 아파트 단지의 작은 정원을 매일 열심히 가꾸는 한 할머니처럼, 우리는 한결같이 작은 실천을 통해 삶에 아름다움을 더할 수 있습니다.

이런 마음가짐은 단번에 생겨나지 않습니다. 매일

조금씩 연습해야 합니다. 아침에 일어나 오늘 생길 수 있는 여러 가지 상황을 떠올려 보며, '통제할 수 있는 것'과 '할 수 없는 것'을 구분해 보는 건 어떨까요. 팀원과 의견이 맞지 않을 때나 자녀의 성적표를 받아들 때 혹은 부모님의 건강 검진 결과를 기다릴 때 등 예상되는 상황마다 내가 선택할 수 있는 길이 무엇인지 미리 생각해 두면, 실제로 그런 일이 생겼을 때 조금 더 차분하게 대응할 수 있습니다.

퇴근 후 동료와 가볍게 맥주 한 잔을 하며 한숨을 내쉬는 대신, 짧게나마 하루를 돌아보는 시간을 가져 보는 것도 좋습니다. "오늘 어떤 판단을 했고, 감정에 휘둘린 부분은 없었는가. 내일은 어떻게 더 나은 태도를 보일 수 있을까." 이런 고민들이 쌓이면서 우리는 점차 흔들림에 강해집니다. 겉으로는 유유히 흐르지만, 물밑에서는 끊임없이 발을 움직이는 오리처럼, 우리도 마음속에서 부단히 노력하는 존재가 됩니다.

결국 마음의 평화는 밖이 아니라 내면에서 시작됩니다. 동해 앞바다의 등대가 폭풍이 와도 쓰러지지 않는 것은 기초가 단단하기 때문입니다. 우리의 마음도 기초가 단단하면 웬만한 풍파에도 무너지지 않습니다. 잠자리에 들기 전 스스로에게 몇 가지 질문을 해 봅시다.

"나는 언제 가장 쉽게 흔들리는가. 실제 상황은 얼마나 심각했으며, 내 생각이 그것을 더 확대하거나 왜곡하진 않았나. 다른 관점에서 보면 이 일을 어떻게 해석할 수 있을까."

이러한 짧은 멈춤과 질문들이 마음을 조금씩 단단하게 만듭니다. 바쁜 일상 속에서도 잠시 멈춰 서 보는 연습이 중요합니다. 아침에 일어나 커피 한 잔을 마시며 오늘 하루를 그려보고, 퇴근길 지하철에서 하루를 돌아보는 식으로, 작은 일에도 의식적으로 주의를 기울여 보는 겁니다. 그렇게 하루를 기록하거나 창밖 풍경을 10분 정도 바라보며 아무 생각도 하지 않는 시간을 가지면, 한낮의 분주함 속에서 흔들렸던 마음이 점차 제자리를 찾는 것을 느낄 수 있습니다.

스토아 철학자들은 모든 상황을 통제할 수 없더라도, 그 상황에 대한 우리의 반응만은 우리가 선택할 수 있다고 말했습니다. 이러한 진리를 실천할 때, 우리는 더 이상 상황에 휘둘리는 존재가 아닌, 자기 삶의 주인이 될 수 있습니다. 긴박한 마감 앞에서도,

갈등이 있는 협업 관계에서도, 예측 불가능한 사건 속에서도, 우리는 스스로를 안정된 상태로 지켜낼 수 있습니다. 이미 우리 안에는 그런 힘이 충분히 있다고 믿습니다. 다만 알아차리지 못했을 뿐이고, 매일의 작은 실천이 그 힘을 발현하게 하는 열쇠가 되어 줄 것입니다.

새벽의 속삭임,
왜 그때 깨달음이 찾아오는가?

 스토아 철학은 동양의 전통적 사유와 의외의 접점을 보여 줍니다. 특히 '천명(天命)'이라는 개념은 스토아 철학에서 말하는 인간의 소명과 놀라울 정도로 맞닿아 있습니다. 두 사상 모두 인간의 삶이 단순한 생존이나 안락함 이상의 뜻을 지니며, 우주의 질서 속에서 나름의 역할을 찾는 일이 무엇보다 중요하다고 말합니다. 이것은 현대를 사는 우리에게도 큰 가르침이 됩니다.

 새벽이 밝아오기 전, 고요한 순간에 우리는 마치 두 개의 세계 사이에서 머뭇거리는 듯합니다. 침대 안의 따스한 편안함과 우주의 섭리가 부여한 소명이라는 두 가치가 공존하는 시점입니다. 이 시점에서 일어나는 선택은 단순히 기상 시간을 정하는 문제가 아니라, 자기 존재의 근원을 향한 물음을 담고 있습니다. 고대 스토아 철학자들의 가르침을 떠올리면, 동양의 '천명(天命)' 개념 역시 우리가 태어나 이 세상에서 맡아야 할 본질적 역할에 대한 통찰을 전한다고 여겨집니다.

인간이 왜 새벽이 터오는 시각에 깨달음을 마주하기 쉬운지, 스토아 철학과 동양 사상은 서로 다른 배경이지만 같은 진리를 알려 줍니다. 우주 질서와 하나 되어 나아가려는 마음, 그리고 그 속에서 자기 역할을 찾는 태도야말로 새벽의 고요 속에서 우리에게 말을 거는 목소리이기 때문입니다. 어둠이 사라지고 빛이 시작되는 그 순간, 우리는 비로소 생각합니다. "오늘을 어떻게 살아갈 것인가?" 이 질문에 대해 작지만 분명한 답을 내릴 수 있다면, 하루가 주는 기회는 훨씬 더 풍요로워지리라 믿습니다.

자연의 섭리에서 각 생명체는 저마다 고유한 역할을 부여받았습니다. 꽃은 피어나기 위해 존재하고, 새는 날기 위해 태어났습니다. 그렇다면 인간은 무엇을 위해 이 세상에 보내어졌을까요. 동양에서 천명은 하늘이 부여한 사명이자, 인간이 마땅히 따라야 할 원리라고 보았습니다. 이는 스토아 철학에서 말하는 인간의 소명과도 맞닿아 있습니다. 두 사상 모두 우리를 간단한 생존이나 안락함 이상의 삶으로 이끌며, 존재 가치를 실현하는 길로 안내합니다.

이불 속의 안락함은 자궁 속 태아의 편안함을 연상시킵니다. 그러나 태아가 영원히 자궁 안에 머물 수 없듯, 인간도 끝없이 안전한 둥지에만 머무를 수는 없습니다. 매일 아침 알람 소리가 울릴 때 겪는 정신적 갈등은, 사실 우리 영혼이 "오늘 무엇을 위해 일어나야 하는가"라는 본질적 물음을 던지는 순간일지도 모릅니다. 어쩌면 생존을 넘어 인류의 문화와 역사를 창조해 온 힘은 바로 이 질문에 대한 답을 찾는 여정에서 비롯되었다고 해도 과언이 아닐 것입니다.

현대 사회의 빠른 변화 속에서 우리 각자는 종종 방향 감각을 잃은 채 바쁘게만 움직이곤 합니다. 업무와 메신저, SNS와 끝없는 모임 등으로 가득 찬 일정표가 우리의 영혼을 잠식해 갈 때, 스토아 철학과 동양의 지혜는 맑은 샘물과도 같은 울림을 줍니다. "우리에게 주어진 소명은 무엇이며, 그 길을 어떻게 걸어갈 것인가." 이를 잃지 않으려면 결국 고요 속에서 스스로를 돌아보는 시간이 필요합니다.

진정한 목표와 가치가 없으면 아무리 분주해도 공허할 뿐입니다. 로마의 황제였던 마르쿠스 아우렐리우스는 이러한 목적 없는 분주함을 영혼의 미아 상태로 표현했습니다. 남들의 기준에 휩쓸려 우왕좌왕하는 대신, 스스로에게 묻고 답하는 과정을 통해 확신에 찬 삶을 살 수 있습니다. 이렇듯 자기 성찰에 투자하는 시간은 동양의 선(禪) 수행이나 묵상의 형태로도 나타나며, 스토아 철학이 말하는 '내면의 주인'이 되는 길과도 일치합니다.

새벽의 고요는 그래서 특별합니다. 하루가 시작되기 전, 잠깐의 시간 동안 우리는 어제의 고민을 뒤로하고, 오늘 이뤄낼 일과 그 의미를 떠올릴 수 있습니다. 나아가 "이 세상에서 내가 맡아야 할 역할은 무엇인가", "오늘 내가 당장 할 수 있는 작은 실천은 무엇인가"라는 질문에 답할 실마리를 찾을 수도 있습니다. 고요한 호수가 달빛을 비추듯, 마음속이 잔잔해져야 비로소 우리의 본질적 욕구와 방향성이 드러납니다.

두 사상이 보여 주는 공통된 깨달음은 "우리는 누구나 우주 질서 속에서 고유한 임무를 지니고 태어났다"는 사실입니다. 아침에 일어나 몸을 일으키는 작은 결심부터, 자신의 천명에 한 걸음 다가가는 여정까지, 인생의 모든 순간이 우주의 섭리와 맞닿아 있습니다. "내가 맡아야 할 일은 무엇인가"라는 질문이 잊히지 않는다면, 우리는 아무리 바쁜 일상에 매몰되어도 길을 완전히 잃지 않을 것입니다.

이런 자기 성찰은 구체적 실천으로도 이어질 수 있습니다. 하루를 시작하기 전 몇 분간 명상하거나 저녁에 잠들기 전 "오늘 나는 어떤 선택을 했고, 그 선택이 나의 가치관과 일치했는가"를 기록해 보는 것입니다. 혹은 주말에 한두 시간 정도는 모든 외부 연결을 끊고 책을 읽거나 사색하는 시간으로 삼는 방법도 있습니다. 이러한 작은 습관들이 모여, 우리는 천천히나마 자신의 소명에 눈떠가게 됩니다.

새벽에 찾아오는 특별한 깨달음은 결국 "나는 왜 이 길을 가는가?"라는 질문에서 비롯됩니다. 이 질문에 진지하게 답하려 노력하는 사람은 내면의 평화를 비교적 쉽게 찾습니다. 동양의 천명과 스토아 철학이 말하는 소명은 우리가 단지 어제보다 나은 사람이 되라는 권유가 아니라, 이 우주 속에서 주어진 자리에서 빛을 발하라는 초대일 것입니다. 그러한 초대를 무시할 수도 있지만, 받아들이는 순간 삶은 새로운 빛을 띱니다.

결국 우리가 마주해야 할 것은, 눈앞의 복잡한 사정들이 아니라 그 모든 것을 관통하는 근본적 질문입니다.

"내가 정말로 하고 싶은 일은 무엇이며, 우주는 어떤 길을 향해 내게 손짓하고 있는가."

새벽에 잠에서 깨 이불을 박차고 나오기 전, 잠깐의 고요 속에서 이 질문을 곱씹어 보십시오. 그 짧은 순간이 오늘 하루를 완전히 다르게 만들 것입니다. 그리고 그 변화가 모여 인생 전체를 더 높은 차원으로 이끌어 주리라고 믿습니다.

★

깨진 도자기의 지혜,
불완전함이 오히려 완전함이라면?

로마 시대의 한 젊은 노예가 값비싼 도자기를 깨뜨렸습니다. 주인의 분노가 터지기 직전, 세네카가 말했습니다.

"그대의 분노는 도자기를 복원하지 못하며, 오히려 더 큰 것을 깨뜨릴 것입니다."

이천 년의 세월을 건너 들려오는 이 말은, 마치 오래된 거울처럼 우리의 모습을 비춥니다. 깊은 계곡의 물은 바위를 만나도 화를 내지 않습니다. 때로는 돌아가고, 때로는 서서히 스며들며 결국 자신의 길을 찾아갑니다. 그런데 우리의 삶은 어떻습니까. 퇴근길 한 번의 끼어들기에도 화를 내고, 회의 중 작은 의견 충돌로 목소리가 높아지곤 합니다. 특히 사십 대를 살아가는 이 시기에는 분노가 더욱 가깝게 느껴집니다. 팀을 이끌며 느끼는 부담감, 자녀를 키우며 겪는 좌절, 부모님을 모시면서 생기는 갈등까지… 마치 봄날의 꽃가루처럼 분노가 일상에 흩어져 있습니다.

세네카는 분노를 '잠시 빌린 광기'라고 불렀습니다. 분노가 우리의 본질이 아님을 강조한 것입니다. 마치 구름이 잠시 달을 가릴 뿐, 달 자체를 훼손하지는 않는 것처럼, 분노도 우리의 맑은 정신을 잠시 뒤덮는 현상일 뿐입니다. 그런데 현대 사회는 이 분노가 더 길어지고 커지도록 부추깁니다. 멈추지 않고 울려대는 알림음, 끊임없이 쏟아지는 뉴스, 소셜미디어의 화려한 모습들까지, 우리의 마음을 수시로 뒤흔듭니다.

몇 해 전 겨울, 기숙사 고등학교에 다니는 아들이 주말에 집에 왔습니다. 평소와 달리 무겁게 내려앉은 표정을 하고 있더니, 어느 날 밤 방으로 찾아와 "엄마, 학교 그만두고 싶어"라고 말했습니다. 순간 온몸에 전기가 흐르듯 분노가 치솟았습니다. 어렵게 진학한 기숙사 학교, 아들의 미래, 매주 기다려 온 주말… 모든 것이 헝클어지는 기분이었습니다.

그날 밤은 잠을 이룰 수 없었습니다. 이불 속을 뒤척이는 동안, 아들에게 내뱉은 거친 말들이 자꾸 떠올라 가슴이 답답했습니다. 새벽녘에 문득 세네카의 말이 떠올랐습니다.

"분노는 도자기를 복원하지 못하며, 오히려 더 큰 것을 깨뜨린다."

내 분노는 무엇을 깨뜨리고 있었을까. 무엇이 정말 중요한 걸까. 결국 내가 바라는 건 아들의 행복이었습니다. 아침이 되자 아들에게 "드라이브나 갈까?" 하고 제안했습니다. 목적지도 없이 차에 올랐는데, 처음에는 아무 말도 없었습니다. 하지만 조금씩 이야기가 나오기 시작했습니다. 친구 관계의 어려움, 공부에 대한 부담, 불확실한 미래에 대한 두려움 등… 듣다 보니 내가 왜 분노했는지, 그 분노가 어떤 의미였는지 깨닫게 됐습니다. 아들의 현재를 이해하지 못하고, 미래만 걱정했던 제 모습이 보였습니다.

결국 아들은 학교를 무사히 졸업했고, 지금은 대학에 다닙니다. 하지만 그날의 드라이브가 준 깨달음은 졸업장보다 소중한 선물이 되었습니다. 분노는 우리의 시야를 좁히지만, 그 분노를 다스리는 침묵과 기다림은 더 큰 이해로 안내합니다. 그 과정을 통해 마음 깊은 곳을 들여다볼 수 있게 됩니다.

가을 하늘처럼 높고 깊은 평화가 우리 안에 이미 있습니다. 다만 그것을 발견하고 지키는 법을 배울 필요가 있을 뿐입니다. 분노가 치밀어 오를 때도, 우리는 다른 선택을 할 수 있습니다. 폭풍우 치는 바다에서 등대를 바라보듯, 내 안의 중심을 찾아야 합니다.

직장 생활 속 작은 충돌들, 가정에서 벌어지는 소소한 마찰들도 마찬가지입니다. 그런 순간에 필요한 것은 잠시 멈추어 숨을 고르는 여유입니다. 깊은 산사의 스님들은 "화가 날 때 차 한 잔을 마시며 기다리라"고 조언합니다. 그 짧은 기다림이 우리를 돌아보는 기회를 만들어 주며, '도대체 내가 왜 이렇게 화가 났는지'를 곰곰이 살피게 합니다.

분노를 다스리는 건 정원을 가꾸는 것과 비슷합니다. 매일의 작은 노력들이 쌓여야 하며, 아침에 눈을 뜨면 잠깐이라도 고요를 느껴 보고, 퇴근길에 깊은 숨을 세 번 들이마시고, 잠들기 전 하루를 돌아보며 감사한 일을 떠올리는 식의 사소한 습관들이 우리 마음에 평화를 키웁니다. 중요한 것은 분노 자체를 적대시하지 않는 것입니다. 몸의 통증이 질병의 신호인 것처럼, 분노는 우리 삶에 변화가 필요하다는 신호일 수도 있습니다. 아들의 예에서 보듯, 분노 뒤에는 더 중요한 이야기가 숨어 있습니다.

완벽한 평정은 불가능합니다. 폭풍이 전혀 없는 바다는 존재하지 않듯, 분노 없는 인생도 없습니다. 하지만 폭풍 속에서도 방향을 잃지 않는 법을 배울 수 있습니다. 세네카가 보여 준 것처럼, 잠시만 멈춰 생각하는 여유와 상대를 헤아릴 줄 아는 관대함, 그리고 자신을 돌아볼 줄 아는 겸손이 있다면, 우리는 분노를 넘어서 더 큰 자유에 닿게 됩니다.

완벽한 평온은 이룰 수 없어도, 지혜로운 균형은 가능하다고 믿습니다. 깨진 도자기처럼 우리 주변에는 언제든 부서질 수 있는 것들이 많습니다. 자녀와의 관계, 동료와의 신뢰, 오랜 친구와의 우정… 무엇도 내면의 평화보다 소중하지 않습니다. 분노를 넘어서려는 지혜는 결국 자신을 이해하고 받아들이는 과정에서 비롯됩니다. 겨울이 지나야 봄이 오듯, 분노의 시간이 지나야 더 깊은 이해로 나아갈 수 있습니다.

밤하늘의 별들은 각자 정해진 궤도를 지키며 빛납니다. 구름에 잠시 가려질 수는 있어도 결코 자리를 잃지 않습니다. 우리도 그렇게 자신만의 리듬을 찾으며 감정의 파도를 건너야 합니다. 아들과 함께했던 목적지 없는 드라이브처럼, 때로는 계획이 없어도 길 위에서 얻는 것이 가장 소중한 깨달음일 수 있습니다. 그 깨달음이 우리를 더 단단하고 현명한 사람으로 성장시킵니다. 오늘도 세네카의 목소리는 시간을 넘어 다가와 말해 줍니다.

"분노의 순간을 넘어서는 그때마다, 우리는 자유에 한 걸음 더 가까워진다."

그리고 그 자유가 우리가 찾는 진정한 평화일 것입니다.

세네카가 들려주는 이야기, 지금 우리에게 꼭 필요한 조언

지난 학기, 한 제자가 찾아와 고민을 털어놓았습니다. 대학 새내기였던 그는 고등학교 시절에는 분명한 목표가 있었는데, 막상 대학에 들어오니 진로에 대한 혼란이 커졌다고 했습니다.

"선생님, 제가 지금 잘하고 있는 걸까요? 다른 친구들은 다 자기 길을 찾은 것 같아서 불안해요."

그의 질문은 단순히 학과 선택 문제가 아니라, 인생의 방향을 어디로 잡아야 하는가에 대한 깊은 고민이었습니다. 이야기를 들으며, 이천 년 전 로마의 철학자 세네카가 남긴 말들이 떠올랐습니다. 시간을 어떻게 바라보며, 힘든 감정을 어떻게 다스리고, 무엇을 지향하며 살아야 하는지에 대한 그의 생각들은 요즘 우리가 겪는 고민과도 놀라울 만큼 닮아 있었습니다.

서울대학교 청년연구소의 최근 조사에 따르면, 이십 대 중 83%가 자신의 삶의 방향성에 대해 고민하고 있고, 그 절반 이상이 심각한 불안을 느낀다고 합니다. 우리는 늘 미래를 설계하고 준비하느라, 정작 현재를 놓치는 경우가 많습니다. 마치 돈을 모으듯 시간을 저축해서 나중에 꺼내 쓸 수 있을 것처럼 착각하지만, 시간은 강물처럼 흘러가 버리고 우리가 붙잡을 수 있는 건 오직 지금 이 순간뿐입니다. 세네카는 이런 현실을 날카롭게 꿰뚫어 보며 "우리는 짧은 인생을 부여받은 것이 아니라, 스스로 인생을 단축시키고 있다"라고 말했습니다. 지난주 말기 암 진단을 받은 지인이 한 말이 오래도록 마음에 남습니다.

"하루하루가 이렇게 소중한 선물이었는데, 왜 이제야 깨달았는지 모르겠어요."

현대 사회를 살아가는 우리는 전례 없는 감정의 소용돌이 한가운데 있습니다. 업무 메일은 24시간 쏟아지고, 알림음은 끊이지 않으며, 기술과 트렌드는 숨 가쁘게 변합니다. 서울대 심리학과의 조사에 따르면, 현대인은 하루 평균 2~3시간을 걱정과 불안으로 소비한다고 합니다. '내가 잘하고 있는 걸까? 이대로 괜찮을까?' 같은 끝없는 자기 의심이 마음을 갉아먹지만, 감정에 휘둘리지 않는 자세가 중요하다는 것을 세네카는 이미 일깨워 주었습니다. 그는 "분노의 가장 좋은 치료법은 늦추는 것이다"라고 조언하며, 순간의 감정에 휩쓸리지 않고 잠시 멈춰 생각할 시간을 가질 것을 강조했습니다. 감정은 분명 우리의 일부지만, 그것이 삶의 방향타가 되어서는 안 됩니다. 폭풍우 치는 바다 위 등대가 어둠 속에서 길을 비추듯, 우리는 이성이라는 빛으로 나아갈 길을 찾는 법을 배워야 합니다.

현대 사회는 계속해서 타협을 요구합니다. 학교, 직장, 인간관계, 심지어 자신과의 관계에서도 우리는 수많은 선을 넘나들며 살아가게 됩니다. 그럼에도 반드시 지켜야 할 자신의 핵심 가치는 있다는 점을 잊지 말아야 합니다. 이것이 융통성 없는 완고함을 뜻하는 것은 아닙니다. 오히려 깊게 뿌리 내린 나무처럼, 어떤 바람이 불어와도 흔들리지 않는 내면의 중심을 말합니다. 세네카는 "어려움은 마음을 강하게 만들며, 마치 육체가 일하는 것과 마찬가지다"라고 말하며 역경이 오히려 우리의 성장 기회가 될 수 있음을 강조했습니다. 최근 대기업 입사를 포기하고 작은 사회적 기업에 합류한 한 청년은 이런 말을 남겼습니다.

"처음에는 두려웠지만, 제가 진짜 하고 싶은 일을 선택했더니 마음이 더 단단해졌어요."

경제학 연구에 따르면, 연소득 팔천만 원을 넘어서는 구간에서는 추가 소득이 행복도 상승에 별다른 영향을 주지 않는다고 합니다. 더 높은 연봉, 더 넓은 집, 더 좋은 차가 반드시 더 큰 행복을 보장하지 않는다는 뜻입니다. 세네카는 "가난하다는 말은 너무 적게 가진 사람을 두고 하는 말이 아니라, 더 많은 것을 바라는 사람을 두고 하는 말이다"라고 하여 진정한 풍요가 마음의 상태에서 비롯됨을 강조했습니다. 어느 벤처기업가와 나눈 대화가 떠오릅니다.

"처음엔 성공을 제일 중요한 목표로 삼았어요. 하지만 지금은 매일 아침 이 일이 즐겁다는 사실 자체가 가장 큰 성공이라고 여깁니다."

지혜는 꼭 책상 앞이나 화려한 성공의 결과물에서만 나오지 않습니다. 일상의 작은 순간들, 실패와 좌절의 경험, 그리고 거듭된 자기 성찰을 통해 얻어집니다. 한 학생이 자신 있는 과목에서 뜻밖의 낮은 성적을 받은 뒤, 처음으로 공부 방식을 진정으로 돌아봤다는 일화가 있습니다.

"얼마나 겉핥기식으로 공부했는지 알게 됐어요. 실패가 아니었다면 절대 깨닫지 못했을 거예요."

이처럼 진정한 배움은 단순히 지식을 쌓는 데 있지 않고, 삶이 주는 매 순간 속에서 얻어지는 살아 있는 가르침에 있습니다. 세네카는 "우리는 어려워서 많은 것을 하지 않지만, 우리가 하지 않기 때문에 어려운 것이다"라고 말하며, 도전의 중요성을 일깨웠습니다. 성공이 우리를 기쁘게 한다면, 실패는 우리를 한층 성숙하게 합니다. 매 학기마다 다양한 학생들과 만나면서 저 역시 이 사실을 다시금 느낍니다. 힘든 시기를 보내는 학생들의 고민을 듣고, 그들이 자라는 모습을 지켜보며, 저 또한 함께 배우고 성장하고 있습니다. 우리는 서로에게 동시에 스승이자 제자가 되는 존재입니다.

실제로 우리는 누구나 각자의 폭풍우를 겪습니다. 누군가는 전공 선택이나 취업 준비로 고민하고, 또 다른 이는 자기 존재 가치를 의심하며 밤을 지새우기도 합니다. 세네카는 "자신에게 주어진 시간을 스스로를 위해 아낌없이 바치라"고 조언합니다. 시간은 우리의 가장 소중한 자산이기에, 타인의 기대나 사회적 압력에 휘둘려 낭비해서는 안 된다는 메시지입니다. 그 모든 순간이 우리를 더 단단하게 만드는 스승이 될 수 있습니다.

상담을 했던 그 제자는 조금씩 자기 속도를 찾아가고 있습니다. 진로 탐색 동아리에 들어가 여러 선배들의 이야기를 듣고, 관심 분야 수업을 하나씩 들어보면서 자신만의 나침반을 만들어 가는 중입니다. 불안할 때도 있고, 스스로 의심이 생길 때도 있지만, 그래도 한 걸음씩 나아가고 있습니다.

어쩌면 우리 모두 비슷합니다. 스무 살 청년도, 마흔의 직장인도, 예순의 은퇴자도 각자 자리에서 새로운 시도와 성장을 거듭합니다. 때로는 뒤처지는 것처럼 느껴지고, 때로는 길을 잃은 것 같아도 괜찮습니다. 누구나 자기만의 시간이 필요한 법입니다. 중요한 것은 그 과정을 너무 자책하지 않는 것입니다.

완벽한 삶이라는 건 없습니다. 실수와 실패 덕분에 우리는 더 강해지고, 고민과 방황 덕분에 마음이 더 깊어집니다. 지금 이 순간, 당신이 걷고 있는 길이 바로 당신의 이야기가 될 것입니다. 중요한 것은, 다시 일어설 때마다 한 발 더 앞으로 나아가는 일입니다. 그리고 그 길 위에서 우리는 결코 혼자가 아닙니다. 비슷한 고민을 안고 살아가는 무수한 동행자들이 함께하기 때문입니다. 인생은 완벽한 성공을 향해 달려가는 경쟁이 아니라, 서로를 인정하고 응원하며 함께 자라는 아름다운 여정이라고 믿습니다.

마흔에 다시 묻는 '안다는 것'의 의미

 고대 철학자들의 지혜는 우리 일상 속 의외의 인물을 통해 새롭게 드러나곤 합니다. 예전 회사에서 가장 특별한 사람을 떠올리라면, 단연 정 이사가 생각납니다. 이십팔 년 전, 제가 신입사원이었을 때 처음 만난 그는 당시 영업팀장이었습니다. 그를 처음 볼 때는 의아했습니다. 누구나 다 아는 사실을 모르는 척하고, 때로는 너무 둔감해 보일 정도로 행동했기 때문입니다.
 특히 기억에 남는 일은 한 임원회의에서 벌어졌습니다. 실적 부진으로 팀 간 긴장감이 고조되던 시기였습니다. 모든 임원이 서로 눈치를 보며 말수를 줄이고 있을 때, 정 이사는 마치 아무것도 모르는 사람처럼 이렇게 물었습니다.

"우리가 왜 이 문제를 직접적으로 이야기하지 못하는 걸까요?"

그 순간, 회의실의 무거운 공기가 미묘하게 움직이기 시작했습니다. 우리는 그제야 진짜 문제에 대해 털어놓고 대화할 수 있었습니다.

시간이 지날수록 저는 궁금해졌습니다. 우리는 왜 '안다'는 사실을 드러내길 두려워하고, 반대로 '모른다'는 걸 인정하기를 꺼리는 걸까요. 혹시 '앎'이라는 것에 대해 너무 많은 전제를 두고 있는 건 아닐까 하는 생각이 들었습니다.

정 이사의 질문들은 언제나 단순했습니다.

"왜 이렇게 하기로 한 거죠?"

"이 방식이 정말 최선일까요?"

"다른 길은 없을까요?"

처음에는 이런 기본적인 물음이 불필요해 보였습니다. 하지만 그 질문들이 우리가 못 보고 있던 부분들을 들춰내곤 했습니다.

신제품 출시를 앞두고 있던 어느 날, 설계팀과 기

획팀 사이에 의견 차이가 발생했습니다. 서로 자신의 전문성과 경험을 내세우며 팽팽히 맞서고 있을 때, 정 이사가 물었습니다.

"우리가 진짜 만들고 싶은 건 무엇인가요?"

그 순간 회의실은 잠잠해졌습니다. 우리는 각자 지식을 과시하느라 정작 가장 기본적인 물음을 잊고 있었던 것입니다.

'모르는 척하기'는 마치 지식이라는 벽을 잠시 내려놓는 일처럼 보입니다. 우리가 쌓아올린 지식이 때로는 새로운 발상을 막는 걸림돌이 되기도 합니다. 정 이사는 그 벽을 내려놓을 줄 알았습니다. 그는 자신이 모르는 부분을 솔직히 인정하는 데 거리낌이 없었습니다. "저는 잘 모르겠네요. 좀 더 설명해 주실 수 있나요?" 하고 당당히 말했습니다.

어느 날 그에게 직접 물었습니다.

"이사님은 왜 그렇게 자주 모른다고 하시나요?"

예상 외로 답은 간단했습니다.

"정말 모르는 것도 있고, 알지만 다시 생각해 보고 싶을 때도 있지요. 잘 안다고 믿는 것들이 오히려 우리의 생각을 가둬둘 때가 있거든요."

우리는 흔히 '안다'와 '모른다'를 분명히 구분하려 합니다. 하지만 그 경계는 의외로 흐릿합니다. 안다고 여겼던 것이 시간이 흐르면서 불확실해질 수도 있고, 모르던 것에서 새로운 가능성을 발견하기도 합니다. 그래서 정 이사의 '모른 척하기'는 단순한 처세술이 아니라, 앎이라는 것의 본질에 대한 물음이었습니다. 우리는 정말 무엇을 '안다'고 말할 수 있을까요. 많은 정보를 가진 것과 깊이 이해하는 것은 무엇이 다를까요.

정 이사와 마지막으로 식사할 때, 오랫동안 궁금했던 질문을 꺼냈습니다.

"이사님은 왜 늘 그렇게 질문을 하시나요?"

잠시 생각하던 그가 되물었습니다.

"자네는 물이 위에서 아래로 흐른다는 걸 알고 있나?"

저는 고개를 끄덕였습니다.

"하지만 왜 그런지는 확실히 설명하기 어렵지 않나? 우리가 안다고 믿는 것 중엔, 사실 겉만 알고 깊이는 모르는 게 많아."

그 말은 제게 새로운 시각을 열어 줬습니다. 우리는 얼마나 많은 걸 '안다'고 착각하며 살아가고 있을까. 혹시 진짜 앎은, 자신의 무지를 인정하는 데서 시작하는 건 아닐까. '모르는 척하기'가 역설적으로 더 깊은 이해로 가는 길이라면 어떨까.

지금도 복잡한 문제 앞에서 망설일 때면, 저는 종종 '안다'라는 말의 의미를 되새깁니다. 정보를 아는 것과 정말로 이해하는 것은 다르며, 많이 아는 것과 깊이 아는 것도 엄연히 다릅니다. 우리가 축적한 지식은 때론 벽이 되어 정작 중요한 본질을 보지 못하게 만듭니다.

어쩌면 우리에게 필요한 건 잠시 '모르는 사람'이 될 용기일지도 모릅니다. 그것은 무지를 택하겠다는 이야기가 아니라, 좀 더 큰 시야를 얻기 위한 겸손한 태도입니다. 확실해 보이는 것들을 다시 의심해 보고, 당연하다고 생각했던 부분에 또 한 번 물음표를 던져 보는 일이 곧 진정한 앎의 시작일 수 있습니다.

정 이사가 보여 준 건 단지 특별한 처세나 리더십이 아니라, 앎과 삶에 대한 태도였습니다. 모든 것을 다 안다고 착각하는 순간 우리는 더 이상 배우지 못합니다. 하지만 '모르는 척'할 줄 아는 용기를 낸다면, 우리 앞에는 언제나 새로운 이해의 문이 열립니다.

성찰 질문 & 실천 미션

성찰 질문

1. "오늘 당신에게 일어난 일 중 '운명'이라고 받아들일 만한 것은 무엇이었나요?"

- 오늘 하루 가운데 예측하기 힘들었거나 예상치 못했던 일을 떠올려 보세요.
- 그 일이 당신에게 어떤 변화를 주었는지 혹은 어떤 의미를 찾게 했는지 살펴 보시기 바랍니다.

2. "오늘 하루, 당신은 공동체에 어떤 기여를 했나요?"

- 꼭 큰 선행이 아니어도 좋습니다. 가족, 동료, 이웃 등을 위해 작게나마 한 행동을 떠올려 보세요.
- 그 행동이 주는 뿌듯함이나 의미는 무엇이었는지 곰곰이 생각해 보세요.

3. "죽음을 기억한다면, 오늘 당신이 가장 소중히 해야 할 순간은 언제였나요?"

- "오늘이 마지막이라면"이라는 가정하에, 하루 중 어떤 순간에 가장 집중했어야 할지 돌아보세요.

- 그 순간을 더 가치 있게 만들 수 있는 작은 행동을 생각해 보시기 바랍니다.

실천 미션: 스토아의 하루 살기

오늘 하루 동안 스토아 철학자처럼 살아보세요.

☐ 아침: 오늘 내가 통제할 수 없는 것들을 적어 보기
- 침대에서 일어나기 전, 간단히 "오늘 바꿀 수 있는 것"과 "내 힘이 미치지 않는 것"을 구분해 보세요.
- 통제 불가능한 일로 인해 지나친 걱정을 하지 않도록 스스로에게 다짐해 봅니다.

☐ 오전: 누군가를 위해 작은 선행 하나 실천하기
- 직장 동료나 가족 혹은 낯선 이에게라도 작은 도움을 줘 보세요.
- 주차 문제를 도와주거나 함께 일하는 사람의 부담을 덜어주는 식도 좋습니다.

☐ 점심: 식사를 하며 '지금 이 순간'에만 집중하기
- 식사 시간 동안 스마트폰이나 업무 생각을 잠시 내려놓고, 음식을 맛보고 주변 분위기를 느껴 보세요.
- 먹고 마시는 현재에 몰입하면서, 과거나 미래가 아닌 "지금"을 음미해 봅니다.

☐ 오후: 불편한 상황이 생길 때 '이것도 내 운명의 일부'라고 생각하기

- 예기치 못한 충돌이나 스트레스 요인이 생기면, "아모르 파티(Amor Fati)"를 떠올려 보세요.
- 내 힘으로 당장 바꾸기 어려운 상황에 대해서는 받아들이면서 더 나은 방향을 모색해 봅니다.

☐ 저녁: 하루를 돌아보며 '마지막 날이었다면?' 질문하기

- 오늘 내가 소중히 간직할 순간이 무엇이었는지 적거나 가슴에 새겨 보세요.
- 하루를 마무리하며 "내일은 어떤 마음으로 살아가고 싶은가"를 스스로 묻고 답해 봅니다.

> **3장의 핵심 깨달음: 현명한 삶의 3가지 기둥**

- 아모르 파티(Amor Fati): 당신의 운명을 사랑하세요.
- 공익 실천: 더 큰 선을 위해 살아가세요.
- 메멘토 모리(Memento Mori): 매 순간을 소중히 여기세요.

이 3가지 태도가 흔들림 많은 중년의 삶을 더욱 의미 있고 견고하게 만들어 줄 것입니다.

제4장

마흔, 불안을 다루다

불안한 시대,
어떻게 하면 무너지지 않을까?

"매일 아침 같은 시간, 같은 자리, 같은 표정으로 우리는 서로의 불안을 안은 채 흔들린다."

매일 아침, 수많은 사람들이 지하철에 몸을 싣습니다. 형형색색 넥타이를 맨 회사원부터 단정한 정장 차림의 직장인까지… 모두가 분주히 발걸음을 옮기지만, 그 눈빛 속에는 피로와 불안이 서려 있습니다. 한 달 전에 시작된 조직 개편, 늘어만 가는 업무량, 치열한 경쟁에 지친 현대인들. 우리는 도대체 무엇을 위해 이토록 달리고 있을까요?

퇴근 후 늦게까지 컴퓨터 앞에 앉아 있는 한 젊은

직장인. 화면 속 메일함은 여전히 붉은 숫자로 가득 차 있고, 옆자리 동료는 승진했다는 소식, SNS에는 친구들의 화려한 성공 스토리가 넘쳐납니다. "나만 제자리걸음인가?"라는 불안감에 시달리는 일이 과연 그 혼자만일까요?

새벽안개가 걷히듯, 삶의 진리는 천천히 드러납니다. 수많은 철학적 조언 중에서도 스토아 철학이 말하는 '내면의 평화'는 요즘을 사는 우리에게 각별한 울림을 줍니다. "당신의 삶의 행복은 생각의 질에 달려 있다"는 오래된 가르침이, 끝없는 경쟁과 불안으로 가득한 이 시대에 더욱 묵직하게 다가옵니다.

> "남들은 앞으로 달려가는데 나만 제자리걸음인 것 같은 이 착각."
> **_마르쿠스 아우렐리우스**

우리는 종종 외부의 조건이 조금만 달라지면 행복해질 거라고 믿습니다. 더 높은 연봉, 더 넓은 집, 더 좋은 차, 더 성공한 자녀… 이것만 이루어지면 마음이 평온해질 것 같지만, 사실은 마치 구름을 잡으려는 것과 같습니다. 외적 조건이 바뀌더라도, 우리의 불안과 갈망은 또 다른 형태로 모습을 바꾸어 되돌아옵니다.

그렇다면 인생의 가치는 정말 이런 외적 성취에만 있을까요? 격변하는 세상 속에서 우리가 진정 붙잡아야 할 것은 무엇일까요. 가만히 생각해 보면, 사실 우리에게 진짜로 필요한 것은 '내면의 힘'인지도 모릅니다. 겨울 폭풍이 한 나무를 흔들어 놓아도 그 뿌리는 더욱 깊어지듯, 인간의 마음도 시련을 겪을수록 강해질 수 있습니다.

> "가장 강한 나무는 가장 센 바람을 맞은 나무다. 깊은 계곡에서 자란 뿌리는 더욱 단단하다."
> **_윌리엄 커버브릿지**

"어떠한 일도 인간이 감당하지 못할 정도로 일어나지는 않는다."

처음 들으면 의심스러울 수도 있습니다. 전쟁, 질병, 상실의 고통 등 어찌 보면 감당하기 벅찬 일들도 실제로 벌어지니까요. 그러나 이 오래된 말은 아이러니하게도 더 큰 진실을 품고 있습니다. 폭풍우 치는 바다에서 항해사가 되는 법을 배우듯, 우리는 삶의 시련 속에서 스스로의 강도를 깨닫게 됩니다.

봄비를 막을 수 없듯이 인생의 모든 상황을 통제할 수는 없습니다. 폭우가 쏟아져도 나무는 흔들리되 부러지지 않습니다. "마음은 우리가 통제할 수 있지만, 외부 사건은 통제할 수 없다. 이를 깨달으면 강인해진다"는 말은 자연의 섭리를 인간의 삶에 비추어 보게 만듭니다.

> "생각하는 갈대는 꺾이지 않는다. 우주보다 위대한 것은 흔들리되 꺾이지 않는 마음이다."
> **_파스칼**

늦가을 단풍이 자기 색을 골라내듯, 우리의 생각도 신중히 선택해야 합니다. 마음이라는 정원에서는 잡초 같은 부정적 생각들이 저절로 자라나지만, 지혜와 평온이라는 꽃은 정성 어린 보살핌이 필요합니다. 서울 도심 빌딩 숲에서도, 강원도 산자락 전원에서도, 우리가 진정 가꾸어야 할 것은 '생각의 정원'입니다.

이 내면의 힘은 단번에 생기지 않습니다.

"작은 일에서부터 자제력을 기르고, 점차 더 큰 가치로 나아가라."

이 가르침은 우리 선조들이 말한 '시작이 반'과도 맞닿아 있습니다. 거대한 강물도 작은 물줄기에서 시작되고, 영혼의 강인함도 일상의 작은 선택 속에서 비롯됩니다.

> "천 리 길도 한 걸음부터 가장 깊은 실천은 가장 작은 일상에서 시작된다."
> _노자

한강 물결이 쉼 없이 흘러가듯, 시간은 우리에게 주어진 소중한 선물입니다. "죽음을 두려워하지 말고, 진정으로 살아보지 못할 것을 더 두려워하라"는 말은 현재의 순간이 얼마나 귀한지를 상기시킵니다. 한 그릇 라면을 먹을 때도, 퇴근길 버스에서 졸 때도, 아이의 웃음소리를 들을 때도—그 찰나를 오롯이 누리는 것이 삶의 충만함 아닐까요.

"좋은 사람이 어떤 사람인지를 말로 논하기보다, 그냥 좋은 사람이 돼라."

천 마디 말보다 한 번의 행동이 더 울림이 큽니다. 아침 일찍 일어나 건네는 감사 인사, 혼잡한 지하철에서 양보하는 한 자리, 동료의 작은 실수를 덮어주는 너그러움—그런 사소한 실천들이 모여 우리의 인격이 됩니다.

> "끊임없이 연결된 듯하지만 그 어느 때보다 외로운 우리의 시간."
> _슈오슈오

특히 디지털 시대에는 소중한 순간을 놓치기가 쉽습니다. 스마트폰 속 타인의 화려한 모습과 비교하느라, 자신이 누리고 있는 일상을 오히려 초라하게 여기게 되니까요. 그러나 진정한 행복은 타인과의 비교에서 오는 게 아니라, 자신만의 고유한 리듬을 찾아가는 과정에서 피어납니다.

현대인의 불안은 때로 통제할 수 없는 것들을 억지로 통제하려는 데서 비롯됩니다. 날씨를 바꾸거나, 타인의 마음을 조종하거나, 미래를 확정하려는 시도는 마치 밀물과 썰물을 막으려는 것처럼 허망합니다.

진정한 지혜는 통제 불가능한 사건을 받아들이고, 통제할 수 있는 것에 집중하는 일에서 시작됩니다.

"각자의 계절에 맞는 꽃을 피우며 우리는 모두 서로의 정원사가 된다."

지금도 수많은 이들이 각자의 자리에서 묵묵히 삶의 정원을 가꾸고 있습니다. 누군가는 사무실에서, 누군가는 교실에서, 또 누군가는 가정에서 모두가 같은 길을 걷는 동반자입니다. 힘겨운 날들 속에서도 혼자가 아니라는 사실을 기억하는 일이 중요합니다.

때로는 홀로 정원을 돌보는 일이 외롭고 힘들게 느껴질 수 있습니다. 하지만 고개를 들어보면, 우리 모두는 같은 하늘 아래에서 자신만의 씨앗을 심고 물을 주고 있습니다. 누군가는 폭풍을 견디고, 누군가는 가뭄을 겪으며, 누군가는 첫 새싹의 기쁨을 만끽합니다.

고대 철학이 현대를 살아가는 우리에게 전해 주는 가장 귀한 가르침은 바로 이것입니다. 길고 험한 인생 여정 속에서 비바람이 몰아치더라도, 결국 자신만의 아름다운 정원을 일구어낼 수 있다는 믿음입니다. 그리고 그 길 끝에서 깨닫게 됩니다. 평온한 마음의 정원을 가꾸며 걸어온 그 과정이 곧 우리가 찾던 행복이었음을.

단단한 마음, 타고나는 걸까 길러지는 걸까?

로마의 황제였던 마르쿠스 아우렐리우스는 매일 밤 스스로의 생각을 기록했습니다. 제국의 최고 권력자였던 그는 전쟁과 정치적 갈등 속에서도 마음의 평화를 유지하려 애썼다고 전해집니다. 그가 남긴 글 중에는 "사람을 힘들게 하는 건 사건 그 자체가 아니라, 그것을 받아들이는 방식에 달려 있다"라는 말이 있습니다. 이천 년이 지난 지금, 이 문장은 하루하루 불안 속에 살아가는 우리에게도 놀라울 만큼 실용적인 조언으로 다가옵니다. 업무 메일 한 통에 가슴이 철렁하고, 뉴스 한 줄에 하루 기분이 좌우되는 요즘, 우리에게 필요한 건 어쩌면 이런 태도일지도 모릅니다.

돌아보면, 우리의 일상은 겉으로는 그 어느 때보다 편리해졌지만 마음은 더 복잡해졌습니다. 끊임없이 울리는 카톡 알림, 매일 쏟아지는 뉴스, 인스타그램에서 보게 되는 남들의 화려한 모습… 이 모든 것이 마음의 안정을 조금씩 빼앗아 가고 있습니다. 특히 일과 가정에서 책임이 커지는 마흔 전후의 시기에는 이런 현실이 더 무겁게 다가옵니다. 아이들 교육비는 계속 오르고, 노부모를 모시는 부담도 커지며, 직장에서는 젊은 세대와의 경쟁이 갈수록 치열해집니다. 퇴근 후에도 쉴 틈 없이 업무 메시지가 이어지다 보니, 주말임에도 마음 편히 쉬지 못하고, 월요일이 두려워 일요일 저녁부터 우울해지는 '선데이 블루스'가 흔해졌습니다.

고용 불안, 오르는 물가, 은퇴 준비 같은 문제들은 끝없이 쌓이기만 하고, 밤새 고민해도 뾰족한 답이 나오지 않을 때가 많습니다. 그래서 "내 삶이 내 뜻대로 되는 건 하나도 없다"는 무력감에 사로잡히기도 합니다. 하지만 옛 철학자들은 이런 상황에서도 우리가 할 수 있는 일이 있다고 말합니다. 바로 그 상황을 어떻게 받아들이고, 어디에 에너지를 쓸지 선택하는 것입니다.

노예 출신 철학자 에픽테토스는 "내가 바꿀 수 없는 일에는 마음을 평온히, 바꿀 수 있는 일에는 용기를 내라"고 말했습니다. 왜 현대인이 스트레스를 많이 받는지 이 한 문장이 잘 설명해 줍니다. 주식 시장이 어떻게 될지, 회사 구조조정이 있을지, 다른 사람이 나를 어떻게 보는지는 사실 내 마음대로 될 수 없는 영역입니다. 그럼에도 우리는 끊임없이 '혹시나' 하며 불안과 걱정을 키웁니다. 예를 들어, 팀 회의에서 동료가 나를 비판했다고 가정해 봅시다. 그 사람의 말투나 표정은 내가 통제할 수 없습니다. 하지만 그 상황을 어떻게 받아들이고 어떻게 대응할지는 전적으로 나의 선택입니다.

대신 우리가 집중해야 할 것은 정말로 바꿀 수 있는 부분입니다. 하루 30분 만이라도 스마트폰을 멀리 두고 고요한 시간을 만들거나 꼭 필요한 것이 아니면 소비를 줄이는 식의 작은 습관부터 시작할 수 있습니다. 아침에 일어나자마자 휴대폰부터 확인하기보다 창밖을 보며 차 한 잔 마시는 여유를 갖거나 점심

시간에 SNS를 보는 대신 잠깐 걷는 것도 방법입니다. 저녁에는 뉴스를 조금 덜 보고 가족과 대화하는 시간을 늘려 보는 식입니다. 이런 사소한 변화가 쌓이면 삶의 중심을 잡아주는 큰 힘이 됩니다.

현대 사회는 계속해서 뭔가를 더 하라고 요구합니다. 더 많은 실적, 더 많은 소비, 더 높은 평가를 받으라고 합니다. 모두가 자격증을 따고, 주식에 뛰어들고, SNS에 일상을 올리며, 최신 트렌드를 놓치지 않으려 애씁니다. 그러나 때로는 '덜어내기'가 훨씬 중요합니다. 불필요한 걱정, 지나친 욕심, 남들과 비교하기 같은 것들을 줄여 갈수록 마음은 점차 편안해집니다. 예를 들어 매달 들어오는 수입의 절반은 무조건 저축하기로 정하면, 굳이 불안하게 투자 정보를 뒤쫓지 않아도 됩니다.

이는 '모든 걸 포기하자'는 말이 아니라, '할 수 있는 일'에 에너지를 집중하자는 뜻입니다. 예를 들어, 회사에서 인정받지 못할까 두렵다면, 불안에만 시달릴 게 아니라 내 역량을 높일 수 있는 공부나 훈련에 시간을 쓰는 것이 낫습니다. 미래가 막막하다면, 지금 이 순간 내가 실제로 할 수 있는 준비부터 시작해 보는 것입니다. 적은 금액이라도 꾸준히 저축하거나 정기적으로 건강검진을 받고, 오래 일할 수 있는 전문성을 기르는 식으로 말입니다.

결국 중요한 건 매일의 작은 실천입니다. 아침에 눈을 떴을 때 5분간 조용히 호흡하거나 자기 전에 오늘 하루를 되돌아보는 습관, 출퇴근길에 뉴스 대신 좋아하는 음악을 듣거나 창밖 풍경을 바라보는 것도 좋습니다. 식사 때 음식 맛에 집중하고, 퇴근 후에는 스마트폰을 잠시 내려놓고 진짜 휴식을 취해 보세요. 이런 작은 선택들이 쌓여서 우리의 마음을 조금씩 더 강인하게 만듭니다.

앞으로도 예상치 못한 어려움은 계속 찾아올 것입니다. 갑작스러운 회사 구조조정, 아이의 예기치 못한 문제, 갑작스러운 건강 이상 등… 그때마다 우리는 상황에 끌려다닐 것인지, 아니면 그 안에서도 내가 할 수 있는 길을 찾을 것인지를 선택해야 합니다. 옛 철학자들이 남긴 지혜는 바로 이런 선택의 순간에 빛을 발합니다.

현대인의 하루는 수많은 선택의 연속입니다. 아침에 눈을 뜨자마자 휴대폰부터 잡을지, 잠시 마음을 다스릴지. 출근길 차가 막힐 때 짜증을 낼 것인지, 아니면 그 시간을 생각 정리하는 데 쓸 것인지. 직장 동료가 내게 무례한 말을 했을 때 종일 분노에 사로잡힐 것인지, 아니면 그의 한계를 인정하고 내 할 일에 집중할 것인지.

불안한 마음을 다스리는 데는 이른바 '최악의 시나리오' 연습이 도움이 됩니다. 예컨대 실직에 대한 두려움이 크다면, 실제로 그런 일이 생겼을 때 어떻게 살아갈지 구체적으로 생각해 보는 것입니다. 내 저축액은 얼마나 되는지, 어떤 구직 방법이 있을지, 당장 생활비를 줄일 수 있는 방법은 무엇인지 등을 적어 봅니다. 이렇게 구체적인 대안을 세우면 막연한 불안이 한결 줄어들고, 현재 직장에서 무엇을 더 준비해야 할지도 명확해집니다.

우리가 정말로 두려워해야 할 것은 '그 사건'이 아니라, 준비되지 않은 상태로 그것을 맞이하게 되는 자신일지도 모릅니다. 예컨대 발표가 무섭다는 것은 발표 자체가 아니라, 준비 부족 상태에서 발표하는 일을 두려워하는 것이니까요. 이럴 때 발표를 피하려고만 하기보다, 더 철저히 준비하는 데 에너지를 써 보는 것이 현명합니다.

인생은 때로 바다를 항해하는 일과 비슷하게 느껴집니다. 날씨와 파도는 우리 뜻대로 바꿀 수 없지만, 항해 방향과 배의 상태는 내가 결정할 수 있습니다. 무엇보다 거친 물살을 만났을 때조차 내가 가려는 방향을 놓지 않는 것, 그것이 진정 '단단한 마음'을 기르는 길입니다. 때로는 폭풍을 피해 우회하고, 바람이 잔잔할 때는 잠시 휴식을 취할 수도 있습니다. 그런 유연한 태도가 흔들리지 않는 중심과도 잘 어울립니다.

이 과정에서 우리는 혼자가 아닙니다. 옆자리 동료, 지하철에서 스치는 사람들, 아파트 이웃들 모두 비슷한 고민과 불안을 안고 살아갑니다. 중요한 건 그 불안을 부정하거나 억누르는 게 아니라, 감정에 매몰되지 않고 자신이 할 수 있는 일에 몰입하는 자세입니다. 분노와 불안이 완전히 사라지진 않지만, 거기에 휘둘리지 않도록 조금씩 배워가는 것입니다.

결국 '단단한 마음'은 타고나는 게 아니라, 이렇게 매일의 선택 속에서 길러질 수 있다는 걸 우리는 알게 됩니다. 옛 철학자들의 말처럼, 세상은 우리가 어찌할 수 없는 변수로 가득 차 있더라도, 그 속에서 나 자신을 지키고 더 나은 길을 모색할 수 있는 힘은 스스로 기를 수 있습니다. 그것이 중년의 불안에 맞서는 가장 현실적인 방법일지도 모릅니다.

★

통제할 수 없는 것,
어떻게 함께 살 수 있나?

 단단한 마음을 길러가는 과정에서 우리가 맞닥뜨리는 가장 큰 도전은 바로 '통제할 수 없는 것들'과의 관계입니다. 고대 로마에는 독특한 스승이 있었습니다. 태어날 때부터 노예였고, 다리를 절며 걸었던 에픽테토스입니다. 놀라운 건 그가 결국 로마 황제의 스승이 되었다는 사실입니다. 주인의 학대로 평생 절뚝거리며 살아야 했지만, 그는 그 경험을 원망하기보다 우리를 진정 자유롭게 만드는 것은 외부 환경이 아니라, 그것을 바라보는 우리의 마음가짐이라는 중요한 깨달음을 얻었습니다.

오늘날 우리의 일상은 에픽테토스 시대와는 전혀 다릅니다. 출근길 지하철에서 주식 차트를 확인하고, 점심시간에는 화상회의로 해외 팀과 미팅을 하며, 퇴근 후엔 온라인 강좌로 MZ세대 트렌드를 공부합니다. 기술은 발달했지만, 정작 우리의 고민과 삶의 복잡함은 더 커져 보입니다. 그런데 가만히 마음을 들여다보면, 사람들이 불안해하고 걱정하는 본질은 시대가 바뀌어도 크게 달라지지 않았다는 것을 깨닫게 됩니다. 특히 사십 대 전후의 직장인들은 종종 이렇게 말합니다.

"회사가 요구하는 걸 따라가려니 너무 빠르고, 아이들 교육비나 노부모 문제도 점점 부담이 커져요. 주말에도 일에서 벗어나기 힘드니 번아웃이 올 것 같아요."

직장과 가정 모두에서 책임이 커지니, 성공과 행복 사이의 균형을 잡기가 쉽지 않습니다.

최근에는 '소확행'과 '욜로' 사이에서 갈등하는 모습도 흔히 보입니다. 한 중견기업 팀장은 "인생은 한 번뿐이니 마음껏 도전하라는 사람도 있고, 작은 행복에 만족하라고 조언하는 이들도 있어요. 아침에 출근하면서 늘 드는 생각이 '내가 지금 제대로 가고 있는 걸까?'라는 거죠"라고 말했습니다. 삼십 대 후반의 한 전문직 종사자는 "경쟁에서 뒤처지지 않으려고 야근도 마다치 않고 주말에도 공부했는데, 어느 날 보니 완전히 번아웃 상태더군요. 쉬고 싶어도 못 쉬는 게, 잠깐 멈추면 바로 뒤처질 것 같아서요"라고 털어놓았습니다. 이런 상황에서 에픽테토스의 말은 우리에게 각별한 울림을 줍니다.

"사람을 힘들게 하는 건 실제 문제가 아니라, 그 문제에 대해 우리가 상상하는 걱정이다."

예를 들어, 어떤 직장인이 매일 아침 경제 뉴스를 보면서 대출 이자를 걱정하고, 물가 상승을 걱정하며, 실적 전망에 연봉 협상을 걱정한다면, 그중 상당수는 아직 일어나지도 않은 일일 가능성이 큽니다. 에픽테토스라면 "그 일이 정말 현실로 벌어진 건가요? 아니면 마음속에서 미리 만들어 낸 걱정인가요?"라고 물었을 겁니다.

디지털 시대를 사는 우리가 에픽테토스에게서 얻을 수 있는 교훈은 더욱 깊습니다.

"가장 중요한 건 마음의 자유다. 그리고 그 자유

는 우리가 어떻게 할 수 없는 일들을 내려놓을 때 생긴다."

우리는 실시간으로 전해지는 뉴스와 시시각각 변하는 시장 상황을 지켜보며 불안감을 키우기 쉽습니다. 이럴수록 잠시 멈추고 한 걸음 물러서 바라보는 여유가 필요합니다.

한 대기업 임원과 대화를 나눈 적이 있습니다. 그는 "이십 년 넘게 열심히 달려왔는데도 마음이 편치 않아요. 젊은 직원들은 새로운 기술을 훨씬 능숙하게 다루고, 외국어도 다양하게 구사하죠. 은퇴 전에 자리에서 밀려나지 않을까 불안해서 잠을 설치곤 해요"라고 말했습니다.

또 다른 모임에서 만난 대학 강사는 "내가 왜 이렇게 불안한지 모르겠어요. 연봉도 괜찮고, 가족도 있고, 남들이 보기엔 부족함 없는 삶인데…"라고 고민을 털어놓았습니다. 인류의 과학 기술은 눈부시게 발전했지만, 정작 우리의 내면은 여전히 혼란의 미로를 헤매고 있습니다. 오늘날 우리는 유전자 편집 기술로 생명을 재설계하고, 인공지능으로 상상 속 창작물을 현실화하는 시대를 살고 있습니다. 그러나 이러한 발전이 역설적으로 더 깊은 존재적 불안을 낳기도 합니다. 끊임없이 변화하는 세계에서 안정을 찾으려는 시도는 마치 모래성을 쌓는 것처럼 느껴질 때가 있습니다. 이런 불확실성의 바다 위에서 에픽테토스의 가르침은 오래된 등대와 같은 역할을 합니다.

"누군가 당신을 나쁘게 말했다면, 먼저 그 말이 사실인지 생각해 보세요. 사실이라면 고치면 되고, 거짓이라면 그냥 웃어넘기세요."

인터넷에서는 하루 종일 비난과 악플이 끊이지 않습니다. 좋은 비판은 발전의 기회로 삼고, 근거 없는 비난은 흘려보내는 마음 자세야말로 디지털 시대에 더욱 절실해 보입니다.

에픽테토스의 지혜를 실제 생활에서 실천하는 건 생각보다 어렵지 않습니다. 예를 들어, 퇴근 후 30분을 확보해 가족 식사 전 잠깐 '나만의 시간'을 가져 보면 어떨까요. 스마트폰은 무음으로 돌려두고, 오늘 하루 일 가운데 '내가 통제할 수 없는' 일들을 간단히 적은 뒤, 그것을 과감히 지워 보는 연습을 하는 겁니다.

도심 속 밤하늘의 빌딩숲을 내려다보면, 수많은

창문에서 각자의 고민과 불안을 안고 살아가는 이들이 있습니다. 노예 신분으로도 마음의 평화를 찾았던 에픽테토스처럼, 우리도 조금씩이나마 내면의 여유를 키워갈 수 있습니다.

큰 변화를 한꺼번에 시도할 필요는 없습니다. 매일 조금씩 마음 상태를 살피고, 어쩔 수 없는 일들을 인정하며, 진정한 여유는 무엇인지 돌아보는 사소한 습관부터 시작하면 됩니다. 고대 철학자가 보여 준 것처럼, 진짜 자유와 행복은 바깥이 아니라 바로 우리 마음에 달려 있습니다. 오늘부터 그렇게 한 걸음씩 노력해 본다면, 어느 순간 우리도 훨씬 더 유연해진 자기 자신을 발견하게 될 것입니다.

마음이 부서질 것 같을 때도, 통제할 수 없는 것들과 함께 살아가는 길이 있음을 잊지 마세요. 사실, 내 힘으로 바꿀 수 없는 상황을 인정하고 흐름에 몸을 맡기는 일이야말로, 삶을 한결 가볍고 단단하게 해 주는 지혜일 테니까요.

상처를 마주하고, 어떻게 함께 걸어갈까?

앞서 우리는 불안한 시대를 살아가며, 통제할 수 없는 것들을 어떻게 받아들이고 넘어서야 할지 고대 철학의 관점에서 살펴보았습니다. 스토아 철학이 강조하는 '내면의 자유'나 '통제 가능·불가능 구분' 같은 논리를 일상에 적용하는 과정에서 우리는 더 깊은 개인적 상처를 발견할 때가 있습니다. 실제 삶에서 '단단한 마음'을 기르는 데는, 과거의 아픔이나 내면의 상처가 생각보다 큰 영향을 미치기 때문입니다. 이제는 철학적 통찰이 어떻게 우리 내면의 트라우마나 습관을 보듬고 치유로 이끌 수 있는지를 살펴보려 합니다.

불안과 통제할 수 없는 것들에 적응해 가는 과정에서 우리는 때때로 더 깊은 내면의 상처와 마주하게 됩니다. 거울 앞에서 자신을 바라보며 "나는 원래 이런 사람이야"라고 쉽게 생각하기도 하지만, 그 익숙함 안에는 오래된 아픔이 새겨져 있을지 모릅니다. 마치 오랜 세월 바위에 새겨진 흔적처럼, 우리 행동 곳곳에 과거 상처가 녹아들어 있을 수 있습니다.

이런 상처는 때로 봄날 새벽이슬처럼 우리의 삶에 자연스럽게 스며듭니다. 너무나 익숙해져서 그게 상처인지조차 깨닫지 못할 수도 있습니다. 하지만 아침 햇살이 이슬을 환히 비추듯, 우리가 그 흔적을 알아차리는 순간부터 치유의 첫걸음이 시작됩니다.

과도한 감사의 이면

때로는 작은 친절에도 지나치게 감동하거나 흔들리는 순간이 있습니다. 누군가 자리를 양보했을 뿐인데 큰 선물이라도 받은 듯 반응하거나 친구가 생일 축하 메시지를 보냈을 뿐인데 눈시울이 붉어집니다. 이런 반응은 우리가 그동안 친절과 배려에 얼마나 목말라 있었는지를 보여 주는 신호일지도 모릅니다. 누구나 따뜻한 말과 정당한 대접을 받을 자격이 있습니다. 그런데도 매번 "내가 이런 대우를 받아도 되나?" 하고 겸손을 넘어 위축되는 태도를 보인다면, 어쩌면 과거에 충분히 존중받지 못한 경험이 있었던 건 아닌지 돌아보는 게 좋습니다.

과도한 감사는 본래 감사가 지녀야 할 편안함을 잃게 만듭니다. 스스로를 축소하거나 의기소침하게 만드는 요인이 될 수도 있습니다. 이제는 그런 감사함을 편안하게 받아들이고, 다른 이에게 자연스럽게 베풀 수 있는 마음의 여유를 찾아보면 어떨까요.

지나친 사과, 내면의 짐

마치 봄비가 자주 내려오는 것처럼, 습관적으로 "죄송합니다", "미안해요"를 입에 달고 사는 사람이 있습니다. 회의 중 의견을 말할 때도, 식당에서 주문할 때도, 휴가를 쓰면서조차 죄책감을 느끼는 모습은 어린 시절부터 쌓여 온 부당한 책임감의 산물일 수 있습니다. 자기 잘못이 아닌 일에도 사과하고, 늘 주변을 먼저 살피느라 자신을 소홀히 대하는 태도일 가능성이 있습니다.

이런 습관은 마치 두꺼운 겨울옷 같아서, 한편으로는 우리를 안전하게 해 주는 것 같지만, 사실은 자유로운 움직임을 제한하기도 합니다. 때론 그 무거운 옷을 벗어던지고, 따뜻한 햇살을 직접 느껴 보는 용기가 필요합니다. '내 존재 자체는 결코 사과할 일이 아니다'라는 사실을 조금씩 몸에 익히면, 불필요한 미안함에서 한층 자유로워질 수 있습니다.

희미해진 어린 시절 기억

가족 모임에서 들려오는 어린 시절 이야기가 마치 남의 일처럼 낯설다면, 단순한 건망증이 아닐 수도 있습니다. 초등학교 시절 사진을 보아도 아무런 감정이 떠오르지 않고, 친구들이 생생히 기억하는 추억들도 내겐 흑백필름처럼 희미하다면, 그 공백은 우리의 마음이 과거 상처를 덮기 위해 만들어 낸 방어기제일 가능성이 있습니다.

이처럼 어린 시절 경험이 희미하게 느껴지는 건, 그때의 고통스러운 감정을 회피하고 자기 자신을 지키려 했던 내면의 지혜일지 모릅니다. 이제는 그 기억의 빈자리를 조금씩 들여다보고, 새 계절을 맞이할 준비를 해 보는 건 어떨까요. 그때 몰랐던 감정이나 아픔이 서서히 떠오른다면, 그것 또한 치유의 과정일 것입니다.

칭찬을 거부하는 마음

"정말 잘했어", "덕분에 큰 도움이 됐어"라는 말을 들으면 어색하게 웃으며 넘어가거나 "아니에요, 제가 한 건 별거 아니에요"라고 부정하는 습관이 있습니다. 이는 달빛이 구름에 가려지는 모습처럼, 자기 가치를 인정하지 못하는 마음의 방어일 수도 있습니다. 마치 나는 그런 칭찬을 받을 자격이 없다고 느끼는 것처럼요.

하지만 칭찬이나 호의는 공기처럼 자연스러운 것이며, 우리가 기쁘게 받아들여도 되는 선물입니다. "감사합니다"라고 솔직히 말해 보세요. 처음엔 쑥스럽더라도, 그것이 자신을 긍정적으로 바라보는 첫걸음이 됩니다. 마치 봄바람이 닫힌 창문을 서서히 열어주는 듯, 칭찬을 받는 태도를 조금씩 연습해 보는 겁니다.

도움을 청하지 못하는 고독

무거운 이삿짐을 혼자 옮기거나 업무가 몰려 밤새 야근을 하면서도 누구에게도 도움을 요청하지 않는 사람이 있습니다. 마음이 무거울 때조차 털어놓지 못하고 삼키기만 하는 것도 마찬가지입니다. 이는 오래된 습관처럼 나를 보호해 주었을지 모르지만, 동시에 나를 외롭게 만들 수도 있습니다.

도움을 청하는 건 결코 약함이 아니라, 세상과 연결되는 용기입니다. 높은 산봉우리가 홀로 서 있는 것 같아도, 사실은 수많은 바위와 나무들이 함께 있듯이, 우리도 혼자가 아닙니다. 작은 부탁이나 대화 하나로도 삶이 훨씬 덜 무거워질 수 있습니다.

인생은 끊임없이 흐르는 강물 같아, 중간중간 이렇게 상처나 습관으로 드러나는 신호를 던져 줍니다. 그 신호를 알아차리는 순간이 곧 치유의 첫 단계입니다. "나에게 이런 행동 패턴이 있었구나" 하고 인식하는 것만으로도, 우리는 한 걸음 앞으로 나아갑니다.

어쩌면 이 글을 읽는 동안 '이건 나의 이야기'라는 느낌이 스쳤을지도 모릅니다. 그동안 성격이라고 여겼던 것이 사실은 방어기제였다는 깨달음은 부끄러움이 아니라, 우리가 얼마나 애써서 살아왔는지를 보여 주는 증거입니다.

우리는 모두 불완전한 존재이고, 그렇기에 더 아름답고 따뜻해질 수 있다고 믿습니다. 봄꽃이 서서히 피어나듯, 상처와 함께 살아가는 과정도 천천히 진행됩니다. 그 길에서 우리는 더욱 온전한 자신을 만납니다. 그것은 끝이 아니라 또 다른 시작이며, 서로가 서로에게 위로와 동력이 되어 줄 수 있는 동반자입니다. 때로는 두 발짝 뒤로 물러서고, 때로는 한 발 앞으로 가는 움직임 모두가 우리를 성장으로 인도할 것입니다.

당신이 가진 상처 혹은 내가 가진 상처—이 모든 흔적이 우리가 지금까지 얼마나 힘껏 살아왔는지를 말해 줍니다. 스스로를 다그치기보다, 이런 상처를 자연스레 받아들이며 조금씩 앞으로 나아간다면, 우린 어느새 생각보다 더 강해진 자신을 발견하게 될지도 모릅니다.

그림자와 마주하기,
내 안의 어두운 면을 외면하지 않는 법

　인생의 중간 지점에 서면, 모래시계의 윗부분처럼 시간이 점점 줄어드는 감각이 찾아옵니다. 이 시기에는 과거의 선택들이 만들어 낸 현재와 함께, 아직 이루지 못한 꿈의 무게가 동시에 느껴집니다. 경력은 안정기에 접어들었을지 모르나, 내면에서는 "이것이 내가 진정 원했던 삶인가?"라는 질문이 소리 없이 울립니다. 마치 거울 앞에 서서 처음으로 자신의 얼굴을 유심히 관찰하듯, 우리는 존재의 다층적인 면들을 마주하게 됩니다.

　특히 주목할 만한 것은 우리의 내면에 있는 수용

되지 않은 부분들입니다. 사회적 기대와 성공이라는 이름으로 억눌러 온 감정들, 완벽주의라는 갑옷 뒤에 숨겨온 취약함, 그리고 결코 인정하고 싶지 않았던 자신의 본능적 욕구들이 그것입니다. 심리학자 융이 말한 '그림자'는 단순한 결점이 아니라 우리 본성의 또 다른 측면이며, 이를 통합하지 못할 때 인생의 후반부는 온전한 충만함을 경험하기 어렵습니다. 더욱 복잡한 것은 이러한 그림자가 인간관계에도 투영되어, 우리가 가장 강하게 반응하는 사람들 속에서 자신의 숨겨진 모습을 보게 된다는 점입니다.

그렇다고 "모든 관계를 단절하라"는 이야기는 아닙니다. 오히려 자신을 온전히 이해하고 지키려면, 이제는 독성이 있는 관계를 똑바로 바라보고, 필요한 거리를 두는 용기가 필요하다는 것입니다. 마치 오래된 정원에 자라난 잡초를 적절히 솎아내듯이 말입니다.

우리는 흔히 삶이 안정되어 갈수록 불안이 줄어든다고 생각합니다. 그러나 실제로는 직장 생활 10~20년 차가 되면서 "이대로 괜찮을까?", "이 관계를 계속 유지하는 게 맞나?" 하는 고민이 더 커지기도 합니다. 그동안은 그냥 넘어갔던 인간관계가 마흔 즈음에는 은근히 스트레스를 더 주기 시작합니다.

저에게는 늘 경쟁의식으로 가득 찬 오랜 친구가 있습니다. 이십 대에는 치열한 상황이 당연하게 여겨졌을지 몰라도, 이제는 그것이 '내 에너지를 과도하게 빼앗는 건 아닌가' 하는 생각이 듭니다. 오랜 정에 끌려왔지만, 한편으로는 '이게 정말 나에게 득이 되는 관계일까?' 하고 의문이 생기는 겁니다. 달빛이 밝아질수록 그림자가 깊어지듯, 어느 정도 위치에 오른 마흔 즈음에는 이러한 '관계의 그림자'가 더 선명하게 보이는 시기입니다.

한 부장급 직장인은 "동료가 잘되면 내 자리가 위협당하는 듯 불안하다"는 생각이 자주 든다고 합니다. 사실 삼십 대 초반까지는 자연스러운 경쟁이었을 수 있지만, 마흔에 이르러서는 이런 끊임없는 견제와 시기심이 더 뼈아프게 다가옵니다. 서로에게 축하나 격려 대신, "누가 승진했니? 누구 연봉이 얼마래?" 같은 이야기로만 가득 찬 관계는 우리를 더 지치게 만듭니다.

진정한 성장과 행복은 상호 협력과 축복 속에서

피어납니다. 인생의 절반을 지나면서, 내가 쌓아온 전문성과 노하우를 기쁘게 나누고, 또 상대의 성장을 진심으로 응원해 줄 수 있는 사람들과 함께할 때, 우리는 삶에서 더 큰 의미와 만족을 얻습니다. '나이를 먹었는데도 아직도 작은 것에 집착하고, 다른 사람을 질투하는 게 옳은 걸까?' 하는 자문이 들 때가 바로, 경쟁만 난무한 관계에서 거리 두기가 필요하다는 신호일 수 있습니다.

마흔이 되면, 알게 모르게 이용당하는 인간관계를 자각할 때가 많습니다. 예를 들어, 친절과 호의를 베푸는 나를 너무나 당연하게 여기는 이들 말입니다. 20~30대에는 '내가 잘해서 인정받는 건가?'라고 순수하게 여겼을 수 있지만, 시련과 경험이 쌓인 지금 보니, 그들이 원할 땐 찾지만 정작 내가 어려울 때는 남처럼 대하는 모습을 깨닫게 됩니다.

이건 일방적인 소비 관계에 가깝습니다. 마치 자기 계절에만 찾아오는 철새처럼, 상대가 원하는 꿀만 뺏기는 느낌입니다. 내가 주는 호의를 무조건적인 권리로 착각하는 이들에게는, 한 번쯤 선을 긋거나 상호적 태도가 필요하다고 말해 볼 수 있습니다.

결혼 생활 내내 배우자의 끊임없는 비난에 시달려 왔다는 온라인 커뮤니티의 글을 읽은 적이 있습니다. 처음에는 '충고하고 걱정하는 거겠지'라고 생각했지만, 어느 순간부터 자신이 계속 작아지고, 의기소침해졌다고 합니다. 회사 일도 잘해 왔는데, 배우자의 날카로운 말들에 자꾸 자신감을 잃어가는 것일 겁니다.

이처럼 끊임없이 비난하는 사람은 우리를 점점 움츠러들게 만듭니다. 마치 서리를 계속 맞으면 싹이 얼어붙듯, 내 마음도 서서히 얼어붙습니다. 말 한마디에 지나치게 크게 동요하고, 이 관계가 끝나면 내가 정말 무능력한 사람이 될지도 모른다는 불안감이 듭니다. 그러나 마흔 이후에야 비로소 "이 비난은 내가 성장하기 위한 조언이 아니라, 상대의 공격성일 뿐이구나" 하고 깨닫는 시점이 오기도 합니다.

또 다른 형태로, 불평과 부정적인 에너지를 뿜어내는 사람들도 있습니다. 늘 "안 된다, 힘들다, 우울하다"를 반복하고, 실제로 개선할 어떠한 노력도 하지 않는 식입니다. 마흔 즈음에는 이제 이런 부정적 영향력이 더 크게 느껴질 수 있습니다. 일, 가정, 건강 모두 챙겨야 하는 시기에, 타인의 계속된 불평이 나를 정신적·정서적으로 피로하게 만듭니다.

이들과 함께 있다 보면 이유 없이 기분이 가라앉습니다. 언제나 날씨가 흐린 듯, 상대와 대화만 해도 에너지가 소모됩니다. 스스로도 이미 바쁜 나이에, 이런 부정적 에너지를 매일 들이마시다 보면 당연히 지쳐갈 수밖에 없습니다.

그중 가장 조심해야 할 관계는 심리적·정서적 학대입니다. 이는 사십 대가 되어서야 심각성을 깨닫는 경우가 많습니다. 20~30대엔 "내가 맞춰주면 괜찮아질 거야"라고 생각했을 수 있지만, 세월이 지나면서 알게 되는 건, 그들은 우리의 선함을 당연하게 소모시키고 자기 이익만 챙긴다는 사실입니다.

학대는 교묘하게 달콤한 말로 시작하기도 합니다. 사랑, 걱정, 관심처럼 보이지만, 실은 상대를 통제하고 자존감을 약화시키는 전형적 패턴이 숨어 있습니다. 그리고 한 번 학대 관계에 빠지면, 마치 '천천히 데워지는 냄비 속 개구리'처럼 탈출이 어려워질 수 있으니, 마흔이라는 시점에는 한번 냉정히 돌아볼 필요가 있습니다.

이처럼 독성 있는 관계를 정리하거나 거리를 두는

일은 생각보다 어렵습니다. 중년이 되면, 오랜 정이나 가족, 경제적 이해관계가 얽혀 있어서 쉽게 끊어내기 힘들기 때문입니다. 하지만 마음의 정원을 건강하게 가꾸려면 시든 가지나 잡초를 적절히 솎아내듯이 아픈 관계와의 이별을 고민해야 할 때가 옵니다.

한편으론 두려울 겁니다. 자칫하면 "이 나이에 혼자가 되는 건 아닌가?", "직장에서 불편해지진 않을까?" 같은 불안도 생깁니다. 그러나 폭풍우가 두려워 썩은 나무 그늘 아래 숨어 있기만 해서는 안 됩니다. 그 나무는 언젠가 무너져 더 큰 상처를 줄 수도 있으니까요.

마흔이라는 시기는 인생의 후반부 준비가 본격화되는 때이기도 합니다. 앞으로 십 년, 이십 년 이상을 살아가는 데 있어, 해로운 관계가 지속적으로 내 에너지를 소모한다면 정말로 내가 원하는 삶을 살 수 있을지 돌아봐야 합니다. 고독이 두렵다고 해서 독성 있는 관계를 붙잡고 있으면, 결국 더 큰 고통을 길게 가져가는 셈이 됩니다.

그렇다고 '무조건 차단'만이 답은 아닙니다. 때로는 서서히 거리를 두거나 관계의 문제를 솔직히 대화해 볼 기회도 필요합니다. 서로가 성찰하고 변할 여지가 있다면, 그 관계가 나아질 수도 있으니까요. 하지만 상대로부터 일방적인 학대나 악의를 경험한다면, 그때는 자신을 지키기 위해 더 단호한 선택이 필요한 순간이 옵니다.

우리 인생도 계절을 닮았습니다. 겨울이 지난 뒤에야 봄이 찾아오듯이, 아픈 관계와 작별하는 과정을 거쳐야 더 자유롭고 따뜻한 대인관계를 맞이할 수 있습니다. 마치 정원사가 오래된 잡초를 뽑아내고 새싹을 돌보듯이, 당신도 이제 조금씩 정리할 사람과 함께 갈 사람을 구분할 필요가 있습니다.

우리는 모두 완전하지 않고, 서로에게 상처를 주고받을 때도 있습니다. 그러나 정말 중요한 건, 상대의 존재가 나에게 일상적 고통을 주는지, 아니면 함께 성장하는 발판을 만들어 주는지 구분해 내는 용기입니다. 마흔 즈음에는 이 용기가 더욱 절실해집니다. 남은 인생 후반부를 누구와, 어떤 식으로 보내고 싶은지 점점 더 분명하게 보여야 할 시기이기 때문입니다.

결국, 내 안의 어두운 면을 외면하지 않는 법은 바로 주변 인간관계의 그림자와도 마주하는 일입니다.

나를 슬프고 힘들게 하는 이들이 있다면, 그 이유를 직시해 보세요. 가만히 두면 더 큰 상처로 남을 수 있습니다. 때로는 이별이, 때로는 용서와 대화가, 때로는 적당한 거리 두기가 필요합니다.

내면의 그림자를 인정하고 통합하는 과정은 고통스럽지만, 그 과정을 통해 우리는 더 온전한 자아를 만나게 됩니다. 마찬가지로 인간관계에서도 해로운 요소들을 직시하고 정리할 때, 비로소 진정한 유대감과 성장을 경험할 수 있습니다.

인생이라는 정원에서, 이제는 가볍고 산뜻한 마음으로 새로운 계절을 맞이해 보면 어떨까요. 내가 정말로 소중하게 여기는 사람들과 풍요로운 시간을 보내려면, 나의 '정원'을 해치는 독성 요소는 뽑아내거나 치유해야 한다는 작은 결심이, 더 깊고 진정한 삶으로 가는 문이 될 것입니다.

★

빛과 그림자의 춤,
삶은 결국 균형 찾기

 인생의 중간 지점에 서면, 우리 앞에는 서로 대립하는 2가지 힘이 끊임없이 경쟁하고 있음을 발견하게 됩니다. 성공에 대한 갈망과 실패에 대한 두려움, 변화에 대한 열망과 현상 유지에 대한 안전 욕구, 독립에 대한 충동과 소속감에 대한 그리움이 그것입니다. 마치 하루 중 빛과 어둠이 교차하며 만들어 내는 그림자처럼, 우리 내면에서도 상반된 감정들이 계속해서 춤을 춥니다.

 때로는 새로운 도전을 향한 의욕이 활활 타오르다가도, 다음 순간에는 현재에 안주하고 싶은 마음이 고개를 들기도 합니다. 누군가와 깊은 관계를 원하면서도 혼자만의 자유로운 시간이 그리워지고, 성취의 기쁨을 맛보는 동시에 그 성취가 정말 의미 있는 것인지 의문이 들기도 합니다. 이러한 내적 갈등은 젊은 시절의 단순한 고민과는 다른, 더 복잡하고 미묘한 형태로 나타납니다.

그렇다고 모든 걸 포기하거나 바람에 휩쓸리듯 살아갈 수는 없습니다. 이 배를 어떻게 이끌지는 결국 우리에게 달려 있습니다. 어디로 향해야 할지 혼란스러울 때, 우리 내면에는 묵묵히 방향을 가리키는 나침반이 있음을 잊지 않아야 합니다. 구름 뒤 달이 여전히 빛을 잃지 않듯이, 심한 폭풍우 속에서도 우리 내면 어딘가에는 흔들리지 않는 힘이 존재합니다. 바다 한가운데 고립된 듯한 고독과 두려움이 엄습해도 마음 한구석에서 "아직 끝나지 않았다. 다시 한번 일어서 보자"라고 말해 주는 조용한 목소리가 깃들어 있습니다. 그것은 대립하는 요소들을 조화롭게 통합할 수 있는 잠재력, 인생의 중반기 이후 더 깊어진 내적 지혜입니다.

고대 동양 철학은 인간의 본성을 '명덕(明德)'이라 부르며, 누구나 본래 밝은 덕성을 지녔다고 말합니다.

달빛이 구름에 가려져도 달 자체는 빛을 잃지 않듯이, 우리의 내면에도 영웅적 기질과 가능성이 숨어 있습니다. 이는 단순 자기 계발이 아닌, 우리 각자가 스스로를 믿을 수 있는 철학적 태도와 연결됩니다.

물론 감정이라는 바다를 건너는 일은 쉽지 않습니다. "마음은 흐르는 물과 같으니, 그 흐름을 거스르지 말고 다스려야 한다"는 옛말처럼, 격해진 감정도 시간이 지나면 잔잔해집니다. 문제는 그 시간을 어떻게 견디느냐 하는 것입니다. 가장 두려운 건, 눈앞이 보이지 않는 미지의 영역입니다. 밤하늘에 구름이 짙어 달을 완전히 가릴 때, 달이 사라졌다고 착각하기 쉽습니다. 하지만 달은 여전히 그 자리에 있듯, 우리의 가능성도 순간적으로 안 보인다고 해서 사라지는 건 아닙니다. 마흔 즈음, 장래가 불확실해 보이더라도 내 안에 남은 잠재력을 믿을 필요가 있습니다.

과거의 기억이 짙은 구름처럼 달빛을 가릴 때도 있습니다. 어린 시절의 상처나 실패가 남긴 그림자가 우리를 옭아맬 때, 달의 본질이 변한 듯 느껴지지만, 사실 우리 안의 빛은 여전히 그 자리에 있습니다. 우리는 이미 여러 상처와 시련을 겪으면서도 어쨌든 여기에 이르렀고, 그 여정에서 배운 것들이 '나'라는 사람을 더욱 깊어지게 만들었습니다. 마치 폭풍을 견뎌낸 뒤 달빛이 한층 더 청명해 보이듯, 시련 뒤의 깨달음은 한층 더 단단해진 자아를 선물합니다.

물론 인생에는 우리가 통제할 수 없는 부분이 많습니다. 그러나 그 사실이 곧 무력함을 뜻하진 않습니다. 달이 차고 기우는 것이 자연의 이치이듯, 인생의 굴곡도 자연스러운 흐름일 수 있습니다. 때론 꽉 찬 보름달처럼 충만한 순간이 있고, 또 때론 초승달처럼 희미해지는 때가 있습니다. 마흔 즈음에서는 이 굴곡이 더욱 분명하게 다가오지만, 오히려 '지금 이 순간이 차고 기우는 자연의 일부'라는 걸 인정하면 마음이 한결 편안해집니다.

지금까지의 삶을 돌아보면, 우리는 수많은 어려움과 관계의 시련을 겪으며 이 자리까지 왔습니다. 그 과정에서 뿌리처럼 더 깊어진 자신을 발견했을 수도 있고, 아직 발견하지 못했다면 지금이라도 찾으면 됩니다. 그 어떤 상처도 우리의 본질적 가치를 바꾸지는 못합니다. 시련을 겪은 뒤 달빛이 더욱 맑게 빛나듯, 역경을 지나온 사람의 내면은 이전보다 한층 더 고요하고 아름다운 광채를 머금게 됩니다. 시련 뒤 찾아오는 성장은 더 큰 자신감을 선물해 줍니다.

구름이 지나가길 마냥 기다리는 것이 아니라, 달 자체가 그 자리를 지키며 빛을 발하는 것처럼, 우리도 인생의 한가운데에서 스스로 빛나는 법을 배워야 합니다. 다른 누군가 대신 우리의 구름을 치워 주길 바라기보다, 불안한 시기에도 '나'라는 존재가 흔들리지 않도록 세우는 것. 그렇게 작은 빛이라도 스스로 밝혀야 그것이 누군가에게 등대가 될 수도 있습니다. 내 안에 잠든 빛을 일깨워 불안과 시련 속에서 스스로 길을 비추는 겁니다. 한밤의 달빛이 길 잃은 이들에게 등대가 되듯, 우리의 작은 노력이 가족과 주변 사람들에게 힘이 되기도 합니다.

가끔 밤하늘을 올려다보세요. 봄의 달은 갓 피어난 꽃들을, 여름밤에는 더위에 지친 사람들의 마음을, 가을엔 풍성한 결실을, 겨울밤엔 다음 봄을 준비하는 대지를 달빛이 비춥니다. 구름이 그 빛을 가리더라도, 달은 그대로입니다.

이처럼 당신이 걸어가는 하루하루에도 은은한 달빛 같은 아름다움이 깃들어 있음을 잊지 않았으면 합니다. 중년기에 불안과 선택의 짐이 무겁게 느껴지더라도, 출근길에 무심코 걷는 발걸음에도, 야근 후 귀갓길에도, 사실은 희미하지만 분명한 달빛 같은 아름다움이 깃들어 있다는 것을 기억했으면 합니다. 과거의 그림자와 미래의 불안이 교차하더라도, 사계절처럼 인생은 계속 새로워지고, 우리의 가능성도 그 흐름 속에서 커집니다. 구름은 지나가고 달빛은 다시 한층 선명해지듯이, 우리의 빛도 서서히 모습을 드러낼 것입니다. 그것은 오늘일 수도 있고, 몇 해가 흐른 뒤일 수도 있지만, 살아있는 한 누구에게나 자신의 빛이 온전히 드러나는 순간은 반드시 옵니다.

그 순간이 오기까지 어두운 밤길을 걷는 듯한 두려움이 들더라도, 구름 너머의 달을 믿어보세요. 우리 모두는 이 긴 밤을 함께 걷고 있습니다. 서로에게 비추는 작은 빛이 언젠가는 큰 등대가 되어, 삶이라는 넓은 바다 위에서 길을 잃지 않도록 도와줄 것입니다. 흔들림을 두려워하지 말고, 달이 구름에 가려지더라도 본질을 잃지 않듯, 당신도 당신만의 빛을 지켜나가길 바랍니다.

그것이 바로 '빛과 그림자의 춤' 속에서 우리가 찾아야 할 균형이고, 마흔 이후의 삶을 더 깊고 아름답게 만드는 힘입니다.

성찰 질문 & 실천 미션

성찰 질문

1. "오늘 하루 중 가장 크게 불안을 느꼈던 순간은 언제였나요? 그때 당신이 통제할 수 있는 것은 무엇이었나요?"

- 불안했던 순간을 떠올려 보세요. 가령 직장에서 예상치 못한 일이나 가정에서 갑작스러운 돌발 상황이 있었을 수 있습니다.
- 그때 내가 '실제로 바꿀 수 있는 부분'과 '어찌할 수 없는 부분'을 구분하는 습관이 불안을 가라앉히는 첫걸음입니다.

2. "상처받은 경험이 오히려 당신을 더 강하게 만든 적이 있나요?"

- 어린 시절의 경험이든, 중년을 맞아 겪은 실패든, 스스로를 돌아보며 그 상처가 남긴 긍정적 변화를 떠올려 보세요.
- 그 상처를 어떻게 극복했는지 혹은 아직 극복 중이라면 어떤 가치를 배웠는지를 적어 보면 좋습니다.

3. "오늘 당신의 그림자는 어떤 모습이었나요?"

- 하루 동안 스스로에게 드리운 '그림자'—즉, 감정 폭발이나 부정적 사고, 독성이 있는 인간관계와의 갈등 등을 돌아보세요.

- 그것이 전혀 드러나지 않았다고 해도 괜찮습니다. 혹시 사소하게라도 느낀 불편함이 있었다면, 그 감정을 메모해 두는 것만으로도 의미가 있습니다.

실천 미션: 불안과 친구 되기

오늘 하루 동안 아래의 미션을 시도해 보세요.

☐ 아침: 불안한 마음이 들 때 깊은 호흡 3번 하기
- 출근 준비 중, 휴대폰 알림이나 생각만으로 불안이 엄습할 수 있습니다. 그때 "하나, 둘, 셋" 세 차례 천천히 들이쉬고 내쉬어 보세요.
- 잠깐의 호흡으로도 생각을 '조금 떨어져' 바라보는 여유가 생깁니다.

☐ 오전: 통제할 수 있는 일과 없는 일 구분해 보기
- 업무를 시작하기 전, 지금 내가 하고 있는 프로젝트나 가정 문제, 경제적 고민을 떠올려 보세요. 각각에 대해 "이건 내가 바꿀 수 있고, 저건 바꿀 수 없다"로 간단히 분류해 봅니다.
- 통제 불가능한 영역에 너무 많은 에너지를 쓰고 있지는 않은지 점검하세요.

☐ 점심: 잠시 혼자만의 고요한 시간 10분 가지기
- 식사 중이라도 잠시 휴대폰을 내려놓고, 마음속 풍경을 살펴보세요. 부정적 감정이 스르르 올라온다면 "이 감정이 왜 생기는 걸

까?"라고 조용히 물어봅니다.
- 잡생각이 떠올라도 괜찮습니다. 그저 흘려보내고, 다시 호흡으로 돌아옵니다.

□ **오후: 부정적 생각이 들 때 "이것도 지나갈 거야" 되뇌기**
- 회의 중 예상치 못한 지적이나 아이 문제로 걸려 온 전화에 갑자기 마음이 무거워질 수 있습니다. 그 순간 "이것도 지나갈 거야" 혹은 "구름은 지나가도 달은 그대로" 같은 문장을 스스로에게 말해 보세요. 자기 암시가 긴장감을 풀어줍니다.

□ **저녁: 오늘 하루 나를 지켜준 것들에 감사하기**
- 침대에 눕기 전, 노트나 휴대폰 메모 앱에 '오늘 고마웠던 순간들'을 짧게 적어 보세요.
- 사소한 것(맛있는 점심, 동료의 친절, 가족의 안부 한 마디)도 좋습니다. 감사의 감정은 불안을 누그러뜨리는 강력한 해독제가 됩니다.

4장의 핵심 깨달음: 불안은 적이 아닌 나를 지키려는 신호

- 모든 감정에는 이유가 있습니다.
- 통제할 수 없는 것을 받아들이는 것이 첫 번째 자유입니다.
- 상처는 우리를 더 단단하게 만드는 스승입니다.

이 질문·미션·깨달음을 4장 전체 글(불안·통제 불가능·개인 상처·독성 관계·빛과 그림자)과 연계해 하루하루 적용해 본다면, 마흔 즈음에 느끼는 여러 불안과 고민이 조금씩 해소되는 경험을 할 수 있을 것입니다. 중요한 건 '조금씩, 꾸준히, 지금부터' 시도해 보는 마음가짐입니다.

제5장

마흔, 관계를 다시 쌓다

사랑, 마흔이 되니
나를 받아들이는 시간

옛 선비들은 매화를 돌보며 삶의 이치를 배웠다고 합니다. 추운 겨울을 견디고서야 은은한 향기를 피우는 매화처럼, 성숙한 사랑도 시간과 인내로 빚어진다는 뜻입니다. 로마 철학자 세네카는 "진정한 사랑은 이성적 판단과 감정의 조화에서 시작된다"고 말했습니다. 동양의 '중용'도 비슷하게, 지나치지도 모자라지도 않은 균형 잡힌 마음이 진정한 관계를 지킨다고 가르칩니다.

스무 살 무렵 저는 사랑을 뜨겁고 강렬한 감정으로만 여겼습니다. 서른 즈음에는 안정과 책임감이라는 틀에 사랑을 가두려 했습니다. 하지만 마흔이 되니, 사랑은 완벽함보다는 서로의 결점을 받아들이고 보듬는 과정에서 더욱 빛난다는 것을 깨닫게 됩니다. 마치 오래된 정원수가 굽은 가지와 거친 껍질까지 자연스럽게 품어내듯, 지금은 그 불완전함이 사랑을 더 깊게 만듭니다.

타인과 삶을 나누는 일상은 의외로 소박합니다. 아침에 같은 식탁에서 숟가락 소리를 듣고, 저녁이면 하루의 기쁨과 피로를 나누며 살아가는 시간. 그 평범해 보이는 순간들이 오히려 우리만의 특별한 이야기가 됩니다. 스토아 철학자 에픽테토스도 진정한 행복은 거창한 사건이 아니라 일상의 작은 순간들을 제대로 대하는 데 있다고 했습니다. 마흔 이후의 사랑은 바로 이런 깊이를 품고 있습니다.

시간이 쌓이면서 깨닫게 되는 것은, 관계가 완벽히 정돈된 '프랑스식 정원' 같을 수는 없다는 사실입니다. 자연스러운 생명력이 살아 숨 쉬는 '영국식 정원'처럼, 때로는 잡초가 자라기도 하고, 예상치 못한 꽃이 피어나기도 합니다. 통제만으론 안 되는, 매일의 정성을 더해야 하는 공간이 바로 사랑일 것입니다.

이십오 년 전, 스물다섯의 저는 사랑이 무엇인지 안다고 자신했습니다. 하지만 세월이 흐르고 보니 그때의 제가 얼마나 모르고 있었는지를 이제야 알 것 같습니다. 저와 남편은 전혀 다른 길을 걸어온 사람들이었습니다. 그는 고요한 숲길 같았고, 저는 북적이는 거리 같았다고 할까요. 이 다름이 처음에는 불안했지만, 지금은 오히려 서로를 더 풍성하게 만드는 조화가 되었습니다.

마르쿠스 아우렐리우스는 "진정한 관계는 서로의 영혼이 성장하는 것을 돕는 것"이라고 했습니다. 젊은 시절의 열정이 조금 잦아들었어도, 그 자리를 더 깊은 이해와 신뢰가 채우고 있습니다. 아침에 가장 먼저 떠오르는 얼굴이 되고, 힘들 때 제일 먼저 연락하고 싶은 사람이 되는 것, 그런 익숙함이야말로 오직 시간만이 선물할 수 있는 사랑의 무게일 겁니다.

때로는 봄비처럼 서로의 마음을 적셔 주는 말이 필요합니다. 사소한 오해가 쌓여 폭발하기 전에 "이런 점이 나를 아프게 해"라고 진심을 전하는 용기가 중요합니다. 씨앗이 싹을 틔우려면 어둠 속에서도 묵묵히 자라야 하듯, 마음 깊은 곳에서 우러나오는 사과가 관계를 회복시킵니다. 상대방의 아픔을 헤아리고 진솔하게 소통할 때, 사랑은 더 단단해집니다.

얼마 전 남편과 크게 다퉜습니다. 쌓여 있던 일상의 불만이 결국 폭발했습니다. 사소한 말들이 서로에게 상처를 주고, 하루이틀 이어진 침묵은 벽처럼 높아졌습니다. "왜 내가 먼저 다가가야 하지?"라는 자존심을 내려놓는 순간, 그의 눈빛도 저와 마찬가지였습니다. 서로가 미안하고, 그리워하고, 화해를 바라던 마음을 확인했습니다. 결국 그 갈등을 함께 넘어서는 과정에서 우리의 관계는 더 견고해졌습니다. 바람과 비를 견딘 나무가 더 깊은 뿌리를 내리는 법이니까요.

사랑하더라도 서로 존중해야 할 여백이 존재합니다. 나무들이 적당한 거리를 두고 자라야 하는 것처럼, 서로의 자유로움을 지켜 주는 일이 중요합니다. 에픽테토스는 이를 두고 "진정한 사랑은 타인의 자유를 지키는 것"이라 했습니다. 사십 대의 사랑이 아름다운 건, 친밀함과 거리 사이의 균형을 서서히 배워가기 때문인지도 모릅니다.

매일 아침 창가에 앉아 차를 마시며 생각합니다. 그가 준비해 준 따뜻한 물 한 잔, "뭐 먹고 싶어?"라며 퇴근길에 걸려 오는 전화, 휴일 아침 일찍 일어나 장을 보고 오는 발소리, 이런 소소한 실천들이 모여 어느덧 우리만의 정원이 되었습니다. 세네카가 말했듯이, 사랑은 결국 일상 속 작은 행동들에서 빛납니다.

강물처럼 관계도 잔잔할 때가 있고 거셀 때가 있습니다. 좋은 날도 있고 힘든 날도 있다는 사실을 받아들이는 것. 그것이 마흔 무렵 깨닫는 사랑의 지혜가 아닐까 합니다. 한 사람의 꿈이 둘의 꿈이 되고, 두 사람이 함께 그리는 먼 미래가 조금씩 현실이 되어가는 과정. 작은 계획이 모여 더 큰 이야기를 만들어 가는 기쁨. 깊은 뿌리가 나무를 지탱하듯, 믿음은 관계를 지켜 주는 근본입니다. 힘들 때 기댈 수 있고, 설령 실망스러운 순간이 와도 서로의 부족함을 포용해 주는 것, 그 불완전함을 함께 나눌 수 있을 때, 사랑은 더 단단해집니다.

가끔 잠든 남편의 얼굴을 보며, 서로의 결점을 가장 잘 아는 사이이기에 오히려 더 평온한 마음이 들 때가 있습니다. 시간의 흔적까지 감싸 안는 오래된 정원수처럼, 관계도 오랜 세월을 이겨내면서 자연스러운 아름다움을 갖추게 되더군요. 결국 마흔 즈음 깨닫는 사랑은, 완벽한 그림이 아니라 함께 수정하고 채워가는 과정이었습니다. 스토아 철학자들이 말하듯, 진정한 행복은 지금 이 순간을 받아들이는 데서 오는 것 같습니다.

매화가 한겨울 추위를 이겨낸 뒤에야 봄을 향기로 알리듯, 사랑도 시련과 인내를 겪으면서 비로소 은은한 향을 풍깁니다. 그것이 마흔 이후에 더욱 특별해지는 사랑의 모습이 아닐까 합니다. 완벽하지 않기에 더욱 빛나고, 서로를 이해하려 애쓸수록 더 깊어지는 이야기. 계절이 바뀌어도 끊임없이 새로워지는 자연처럼, 우리 마음의 정원도 그렇게 시간이 흐를수록 깊어지길 바랄 뿐입니다.

진정한 벗을 찾아서,
아직도 우정을 갈망하는가?

 퇴근길 지하철에 몸을 실은 채 휴대폰 연락처를 훑어봅니다. 수십, 수백 명의 이름이 스쳐 가지만, 정작 오늘 힘들었던 이야기나 속 깊은 고민을 털어놓을 수 있는 사람은 몇이나 될까요? 한껏 넓혀온 인맥에도 불구하고 막상 마음을 나눌 이가 떠오르지 않는 현실에서 우리는 종종 고독을 느낍니다.

 동양의 옛 현인들은 벗을 고를 때 자연을 빗대어 말하곤 했습니다. 공자는 "벗은 봄날의 미풍처럼 우리의 덕성을 자라나게 하는 존재"라 했고, 맹자는 "참된 벗은 가을 하늘처럼 맑고 깊어야 한다"고 말했습니다.

이렇게 자연의 이미지를 빌려 우정을 설명하는 까닭은, 좋은 친구가 우리의 삶을 변함없이 비추는 '북극성' 같은 중심이 되어 주기 때문입니다.

살아가며 스쳐 가는 사람들은 셀 수 없이 많습니다. 학창 시절, 대학 동기, 직장 동료, 동호회 지인… 봄날 벚꽃처럼 잠깐 아름답게 피었다가 이내 사라지는 인연도 있고, 소나무처럼 오랜 세월 함께하며 뿌리내리는 인연도 있습니다. 하지만 모든 관계가 깊어지는 것은 아닙니다. 서로 다른 길을 걸으며, 다른 목표를 향해 가다 보면 언제 그랬냐는 듯 소식이 끊기기도 합니다.

그래서 우리는 늘 진정한 친구를 이야기합니다. 기쁨과 슬픔을 함께 나누고, 서로의 꿈과 성장을 진심으로 응원해 줄 사람. 이천삼백 년 전 아리스토텔레스는 우정을 목적에 따라 3가지로 구분했습니다. 즐거움을 위한 우정, 유용함을 위한 우정, 그리고 덕(德)을 위한 우정입니다. 이는 동양에서 말하는 군자지교(君子之交)와도 맥이 닿습니다. 공자 역시 즐거움이나 이익을 목적으로 맺는 교제가 오래가긴 어렵다고 보았습니다. 결국 시대와 문화가 달라도 인간관계의 본질은 크게 다르지 않습니다.

즐거움을 위한 우정은 함께 술 한잔 기울이며 회사나 육아의 스트레스를 달래는 식으로, 충분히 의미 있는 관계입니다. 하지만 그 즐거움이 사라지면 자연히 만남도 줄어들곤 합니다. 유용함을 위한 관계 역시 업무나 생활의 이익을 주고받으며 도움이 되지만, 그 목적이 충족되지 않으면 점차 흐릿해집니다. 이런 종류의 인연을 부정할 필요는 없으나, 우리가 진정 갈망하는 건 훨씬 더 깊은 우정일 것입니다.

진정한 벗은 서로가 힘들 때 기대어 쉴 수 있는 나무 같은 존재입니다. 폭풍우가 몰아쳐도 뿌리 깊은 나무는 흔들리지 않듯이, 진짜 친구는 실패와 좌절의 순간에도 우리 곁을 지켜 줍니다. 반짝이는 성공의 순간에 모여드는 이들은 많아도, 힘든 시간을 함께하는 이는 흔치 않습니다. 그런 친구가 있다면 숫자로 환산할 수 없는 소중한 보물일 것입니다.

한편 우리는 종종 SNS나 모임 횟수 등 '관계의 숫자'에 집착합니다. 수백 명의 지인이 있다는 사실이 든든하게 느껴지지만, 막상 마음속 이야기를 나눌 사람은 턱없이 적을 수 있습니다. 결국 마음의 온도를 나눌 수 있는 한두 명의 진정한 친구가 수많은 인맥보다 더 값질 때가 많다는 걸, 나이가 들수록 실감하게 됩니다.

마흔 즈음에 지나온 관계들을 돌아보면, 진정한 벗은 결국 소소한 마음 씀씀이에서 드러납니다. 힘든 날 "집 근처에 있어, 잠깐 얼굴이라도 보자"라며 전화를 주거나 아무 말 없이도 편하게 침묵을 공유할 수 있는 사이, 그런 관계를 한두 개라도 갖고 있다면 우리는 이미 인생의 큰 축복을 얻은 셈입니다.

어떤 인연은 예상치 못한 변화를 일으키기도 합니다. 스물다섯, 벚꽃이 흩날리던 봄날에 친구로 만난 사람이 이제는 내 인생의 동반자가 되어 있듯 말입니다. 처음에는 서로의 고민을 나누는 친구였고 야심 찬 꿈을 이야기하고, 때론 실패의 아픔을 나누며, 각자의 길을 걸어가는 청춘의 여정을 함께했습니다. 그렇게 우리는 서로의 가장 좋은 친구가 되었고, 어느새 그 우정은 사랑이 되어 있었습니다. 이십 년이 넘는 세월, 그는 내 인생의 가장 든든한 벗이 되어 주었습니다. 회사를 그만두고 새로운 도전을 시작할 때도, 힘겨운 시간을 보낼 때도, 그는 항상 내 옆자리를 지켜주었습니다. 때로는 친구로, 때로는 배우자로, 그리고 언제나 서로의 가장 큰 응원자로 삶의 크고 작은 순간들을 함께 걸으며 우리는 더 깊어지는 우정과 사랑을 배웁니다.

오늘 하루, 마음속 깊이 묻어둔 이야기를 꺼내 보세요. 잠시 봄바람처럼 마음을 열어 오래된 친구에게 안부 전화를 건네거나 새로운 인연을 향해 첫 새싹처럼 용기 내어 한 걸음 내딛는 것도 좋습니다. 진정한 우정은 그렇게 작은 용기와 따뜻한 마음에서 시작됩니다. 그 시작은 언제나 지금 이 순간이어도 늦지 않습니다. 마치 산중의 고목이 새순을 틔우듯, 우리의 마음도 언제든 새로운 인연을 맺을 준비가 되어 있습니다.

우리는 모두 누군가의 친구이자 누군가의 인연입니다. 때로는 우정이 더 깊은 유대나 사랑으로 자라날지 모르고, 또 때로는 그냥 스쳐 지나가는 바람으로 그칠지도 모릅니다. 중요한 건 마음을 다해 만나고, 관계를 가꿀 수 있는 여유와 진심이 있느냐는 것입니다. 나이가 들어갈수록 그 여유가 더욱 간절해지고, 진짜 친구를 갈망하는 마음도 커지는 듯합니다.

결국 마흔의 우정이 특별한 건, 젊음의 치기 어린 시간을 지나 깊은 사려와 배려가 더해졌기 때문입니다. 사소한 일에도 웃고 울던 이십 대와 달리, 이제는 서로의 삶을 좀 더 폭넓게 이해하고, 함께 걸어갈 수 있는 지혜를 갖추게 되니까요. 숫자보다 '깊이'가, 스펙보다 '마음'이 더 중요한 시기가 된 것입니다.

"진정한 벗을 찾아서, 아직도 우정을 갈망하는가?"라는 물음은 사실 우리 자신에게 되묻는 질문이기도 합니다. 내가 누군가에게 그런 벗이 되어 줄 준비가 되어 있는가, 그리고 그런 벗을 맞이할 마음의 공간을 비워두고 있는가를 생각해 보면 좋겠습니다. 한 사람의 진정한 우정은 우리 인생을 풍성하게 채우는, 결코 수치로 환산할 수 없는 선물일 테니까요.

타인의 빛이 된다는 것, 함께 빛나는 삶의 방식

깊어 가는 가을 저녁, 창가에 앉아 차 한 잔을 마시다 문득 생각합니다. '타인의 빛이 된다는 것'은 과연 무엇일까요? 동양의 옛 현인들은 "등불이 다른 등불을 밝혀도 자신의 빛이 줄어들지 않는다"고 했지만, 현대를 사는 우리는 이 말이 때로 더 깊은 고민을 안겨 준다고 느낍니다.

지난겨울, 스무 해 지기 친구 미영이 찾아왔습니다. 대기업 임원으로 일하며 늘 주변 사람들의 버팀목이 되어 온 그녀였지만, 그날은 한없이 지쳐 보였습니다.

"이제는 내가 이렇게 챙기는 걸 당연하게 여기는 것 같아. 나도 힘든데."

그녀의 말에는 깊은 피로가 묻어 있었습니다. 집으로 돌아가는 길, 가로등이 유독 쓸쓸하게 보였습니다. 다른 이의 길을 밝히지만 정작 자신의 발밑은 가장 어두운 가로등—마치 미영이의 모습 같았습니다.

심리학자 칼 융은 말했습니다.

"가장 밝은 빛이 가장 짙은 그림자를 만든다."

늘 밝게 웃고, 타인을 돌보며, 겉으로 누구보다 단단해 보이지만 속으로는 고독감에 휩싸이는 사람들이 있습니다. 회사에서 후배들의 고민을 들어주고, 가정에서도 가족들을 돌보면서 정작 자기 마음이 갈 곳을 찾지 못하는 이들은 타인의 빛이 되려 애쓰지만, 스스로에게는 어둠이 내려앉는 순간이 종종 찾아옵니다.

봄날 홀로 피어나는 매화를 보며 '누군가의 등불이 되어 주기 위해 나 자신의 고독과도 마주하는구나' 하고 느낀 적이 있습니다. 번역가가 텍스트 속에서 자신의 목소리는 남기지 못하듯, 배려 깊은 사람들도 늘 타인의 이야기에 귀 기울이면서 자기 이야기는 어디에도 새기지 못할 때가 많습니다. 그러다 보면 마음이 텅 비어버리는 순간, 그 고독이 더 크게 다가옵니다.

실제 통계를 봐도, 직장인 상당수가 '과도한 친절'이나 '배려 스트레스'에 시달리고 있다고 합니다. 특히 사십 대 이상의 중간관리자들은 업무와 인간관계 사이에서 균형을 찾기가 더욱 어렵다고 말합니다. 등대지기가 폭풍우 치는 밤에도 불빛을 지키듯, 우리도 '내가 힘들어도 어쩔 수 없지'라는 마음으로 타인을 돌보는 데 에너지를 쏟습니다.

그렇지만 진정한 지혜는 균형에 있습니다. 노자는 "스스로를 아는 자가 가장 현명하다"고 했는데, 이는 곧 '내 마음의 한계와 감정'을 제대로 살피라는 뜻일 것입니다. 과잉 친절이나 무리한 배려는 결국 오래가지 못합니다. 회식 자리에서 억지 미소를 짓고, 마지못해 들어주는 부탁에 시달리는 순간이 쌓이면, 언젠간 번아웃이 찾아옵니다

정원에 울타리가 필요하듯, 건강한 관계에도 적절한 경계가 필요합니다. 업무 카톡 방을 저녁 8시까지만 확인한다거나, 주말 약속을 한 달에 두 번만 잡는

다거나, 긴급하지 않은 부탁은 하루 정도 여유를 두고 결정하는 등 작은 원칙을 세우면 오히려 관계는 더 의미 있게 지속될 수 있습니다. 무작정 "예스"를 외치는 대신 "지금 내 에너지는 괜찮은가?"를 먼저 점검해 보는 것이 타인을 밝히면서 자신도 지키는 길입니다.

깊은 우물은 마르지 않는 물을 간직하고도, 그 우물의 깊이를 아는 이는 많지 않습니다. 배려 깊은 사람들도 마찬가지로, 내면에 풍부한 사랑이 있지만 거기에 어떤 외로움이 깃들어 있는지 스스로조차 모를 때가 있습니다. 때로는 "나도 힘들어"라고 털어놓고, 타인이 내 마음을 길어주도록 허락해야 합니다.

친절은 도자기를 빚는 작업과 비슷합니다. 너무 세게 누르면 형태가 일그러지고, 너무 약하면 모양을 잡지 못합니다. '자기 존중'이라는 단단한 흙에, '타인을 향한 따뜻한 마음'이라는 물이 고르게 섞일 때 비로소 아름다운 친절이 완성됩니다. 그러니 누군가를 돕고자 할 땐 먼저 나 자신이 얼마나 괜찮은지 살피는 게 우선입니다.

밤하늘의 별들은 우주의 고독 속에서도 빛나지만, 그 빛이 지상에 닿을 때는 누군가에게 희망과 위로가 되곤 합니다. 우리도 때로는 자기 고독이 만든 우주 안에서, 다른 이에게 빛나는 존재가 됩니다. 그리고 그 빛은 누군가의 삶에 작은 길잡이가 되어 돌아옵니다. 가장 어두운 밤에 피어난 반딧불 같은 그 작은 빛을 결코 하찮게 여기지 않았으면 합니다. 또 때론 그 빛을 잠시 쉬도록 허락해 주는 것도, 더 오래 빛나기 위한 지혜입니다.

깊은 가을밤 창가에 드리운 달빛처럼, 우리도 서로의 빛이 될 수 있습니다. 완벽한 빛이란 없지만, 각자가 자신을 지키면서도 따뜻함을 나누려 한다면, 그것만으로도 이미 누군가에게 소중한 등불이 됩니다. 지금 이 순간, 당신의 마음으로 뻗어나가는 작은 빛이 어딘가에서 홀로 애쓰는 누군가에게 보이지 않는 힘이 되어 줄지도 모릅니다.

중년의 품격,
불완전함이 주는 완전

사람들은 늘 변화를 두려워합니다. 직장을 옮길 때, 새로운 동네로 이사할 때, 인간관계가 달라질 때마다 마음 한구석이 흔들립니다. 하지만 세상은 끊임없이 변합니다. 아침에 떴던 해가 저녁이면 지고, 봄날의 꽃은 가을이 되면 열매를 맺습니다. 우리도 매일 조금씩 달라지고 있고, 특히 마흔을 지나며 마주하는 변화들은 더 특별하게 다가옵니다. 젊은 시절에는 앞만 보고 달리느라 보지 못했던 것들이, 이제는 선명하게 보여 더 근본적인 질문을 던지게 됩니다.

"내가 진짜 원하는 건 무엇일까? 이 길을 계속 가

도 괜찮을까?"

퇴근길 버스가 흔들릴 때마다, 내 마음도 따라서 흔들릴 때가 있습니다. 이직을 해야 할까, 참고 버텨야 할까. 언제 들어온 줄도 몰랐던 후배가 어느새 승진해서 자리를 떠났다는 소식이나 오랫동안 같은 회사를 다니던 선배가 은퇴했다는 얘기를 듣다 보면, "이제 와서?" 하는 의문이 고개를 들기도 합니다. 하지만 중년의 품격은 어쩌면 바로 이런 '이제 와서'의 순간에 시작됩니다.

삶은 의외로 단순합니다. 우리 가치는 타인의 시선이나 인정으로 정해지지 않습니다. 마흔 즈음이 되면, 아직도 주변의 관심만을 좇는 모습이 어딘가 초라하게 느껴지기도 합니다. 이제는 '존재 자체로 빛나는 법'을 배워야 할 때입니다. 불확실한 상황에서도 '내가 진정으로 원하는 가치가 무엇인지'를 발견하는 과정이 중년의 품격을 만들어 줍니다.

변화는 어렵고 두렵지만, 그 과정을 통해 우리는 성장합니다. 어린아이가 걸음마를 배울 때 수없이 넘어지고 일어서는 것처럼, 실패와 시행착오가 쌓여야 비로소 더 단단해집니다. 젊은 시절에는 실수와 약점을 감추려고만 했다면, 이제는 그것들조차 나를 완성해 가는 일부임을 받아들이게 됩니다.

중년이 되면 '침묵의 가치'를 더 깊이 이해하게 됩니다. 예전에는 말로 모든 것을 해결하려 했지만, 경험이 쌓이면서 침묵이 때로 더 큰 힘을 발휘한다는 걸 알게 됩니다. 갈등 상황에서 한 번의 의미 있는 침묵이 천 마디의 말보다 관계를 더 부드럽게 풀어나갈 수도 있습니다. 불필요한 말이 오히려 격을 떨어뜨릴 수 있음을 깨닫습니다.

호의가 쌓이면 당연해진다는 말이 있습니다. 한때는 고마워하던 작은 배려가 점점 익숙해지며 서로를 배려하지 않는 식으로 바뀔 수 있습니다. 마흔 즈음엔 이런 관계의 균형이 더욱 중요해집니다. 일방적인 마음은 오래가지 못합니다. 마치 식사를 할 때 짠 음식 다음에 단 음식이 더 맛있게 느껴지는 것처럼, 주고받음의 균형이 관계에도 생기를 줍니다.

사십 대에 자신에게 투자하는 것은 결코 낭비가 아닙니다. 배움이든 건강이든, 오랫동안 애착을 가진 취미든, 이런 자기 성장은 오히려 주변 사람들에게도 긍정적 변화를 가져다줍니다. 반대로 험담이 주는 순간적 소속감이나 우월감에 매달리는 것은 결국 자신의 품격을 갉아먹을 뿐입니다. 사십 대는 자기가 걸어온 길만큼, 앞으로 어떤 길을 갈지 깊이 있는 눈으로 볼 수 있는 시기이기도 합니다.

새로운 도전을 시작하는 것은 언제나 두렵습니다. 익숙한 것을 버리고 낯선 곳으로 가는 것이라 불안합니다. 하지만 등산을 할 때 힘들게 올라가야 정상에서 보는 경치가 더 아름답듯, 도전이 있어야 성장도 있습니다. 중년의 도전은 특별합니다. 새로운 직업에 도전하거나 오랫동안 품어왔던 취미를 발전시키는 것처럼, 마흔 이후의 도전은 젊은 날의 성급함 대신 깊이와 진중함으로 더욱 가치 있는 결실을 맺을 수 있습니다.

우리는 종종 완벽을 바랍니다. 실수하지 않으려 하고, 약점을 감추려 합니다. 그러나 실수를 통해 배울 수 있고, 약점을 드러낼 때 오히려 진짜 힘이 생깁니다. 흠집 난 도자기가 더 멋스럽게 느껴질 때가 있는 것처럼, 완벽하지 않아서 더 특별한 것들이 있습니다. 삶이 준 작은 상처들은 이제 우리를 더 깊고 단단하게 만드는 무늬가 되었습니다.

존중받지 못하는 관계에서는 과감히 거리를 두어야 합니다. 십수 년 된 인연일지라도 존엄성이 무시된다면 과감히 선을 긋는 용기가 필요합니다. 타인의 시선에서 자유로워지는 건 중년에 배울 수 있는 가장 큰 축복입니다. 자기만의 선을 긋고 그 안에서 격조를 유지하는 삶, 그것이야말로 '품격'이 아닐까 합니다.

누군가는 우리의 새로운 도전을 두고 "이제 와서?"라고 비웃을 수도 있습니다. 하지만 그들의 시선보다, 내가 진짜 하고 싶은 것을 향해 가는 게 더 중요합니다. 중년의 도전에는 젊은 시절의 기세 대신, 오래 생각하고 스스로 결정한 만큼 지속력도 더 강합니다. 지금 시작해도 결코 늦지 않습니다.

집으로 가는 길, 노을이 물든 하늘을 바라보면 '아침에 떠오른 해가 저녁에는 이렇게 아름답게 물드는구나' 하고 새삼 깨닫습니다. 오늘의 불안이 내일의 희망이 될 수 있습니다. 진정한 품격은 완벽함이 아니라, 불완전함을 받아들여 삶의 무늬로 삼는 태도에서 옵니다. 마흔이 보내는 이 메시지는, 우리가 또 다른 봄을 준비하는 가장 멋진 방식일 것입니다.

흔들려도 괜찮아,
나를 받아들이는 시간

"이대로 괜찮을까?"

마흔 즈음이 되면 이 물음이 예전과는 다르게 다가옵니다. 스무 살의 불안이 미래에 대한 막연한 두려움이었다면, 서른 살의 조바심이 성취를 향한 조급함이었다면, 마흔의 흔들림은 훨씬 근본적인 질문들을 동반합니다. "내가 걸어온 길이 정말 옳았는가?", "앞으로 어떤 삶을 살아야 하는가?", "나는 누구인가." 더 이상 미룰 수 없는 물음들이 마음을 어지럽힙니다.

특히 사십 대가 느끼는 이 흔들림은 개인의 성공

이나 실패 문제를 넘어, 부모님의 노년과 자녀의 미래가 함께 떠오릅니다. 은퇴 후의 삶까지 준비해야 하니 책임이 점점 무거워지고, 지금까지 살아온 방식이 과연 맞는지 의심이 듭니다. 회사에서는 더 많은 성과를 요구하고, 가정에서는 더 많은 역할을 기대합니다. 이 모든 무게를 지고 있다 보면, 어느 순간 중심을 잃게 됩니다.

그럴 때마다 머릿속을 스치는 말이 있습니다. "에이, 이제 와서?" 젊은 시절과 달리, 마흔 이후에는 새로운 도전이 더 겁나게 느껴집니다. 안정된 직장을 그만두고 창업을 꿈꾸거나 전혀 다른 분야에 뛰어드는 건 큰 용기가 필요한 일이니까요. 하지만 그 두려움 속에서도 작은 목소리가 들립니다. "지금이 아니면 언제?" 하고 말입니다. 이렇게 흔들리는 마음에서조차 우리는 새로운 가능성을 발견합니다.

마흔이 특별한 건, 우리가 두 세대를 잇는 다리 역할을 하기 때문입니다. 부모님의 병원 검사 결과를 기다리며 느끼는 불안, 자녀의 장래를 고민하느라 뒤척이는 밤들… 앞세대와 뒷세대를 동시에 보살피는 위치에서 책임은 더 무겁게 느껴집니다. 그렇지만 그 무거움만큼 우리를 더욱 단단하게 만드는 건 사실입니다.

어느 날 문득 거울을 보며 깨닫습니다. 흰머리가 늘어나고, 주름이 깊어지는 만큼, 조금씩 더 지혜로워지고 있음을요. 젊을 때는 몰랐던 것들이 이제는 보이기 시작합니다. 성공이 전부가 아니라는 것, 실패가 끝이 아니라는 것, 완벽하지 않아도 괜찮다는 것, 이런 깨달음은 시행착오와 실패를 통해 얻은 소중한 선물입니다.

"또 실수했네."

젊었을 때는 이 한마디에 하루 종일 마음이 무거웠습니다. 이제는 실수가 또 다른 배움이라는 사실을 압니다. 완벽하지 않음을 자책하기보다, 그 불완전함조차도 내 일부로 받아들이는 법은 배웠습니다. 젊은 시절의 조급함은 잦아들고, 깊이 있는 인내와 관용이 자리 잡습니다.

가끔은 부모님의 사진을 보며 '이분들도 한때는 지금의 내 고민을 겪었겠구나'라고 생각합니다. 지금 우리 아이들 역시 언젠가는 이런 흔들림을 맞이할 것입니다. 세대를 잇는 고리 안에서 깨닫게 됩니다. 흔들림은 멈춤이 아니라 움직임이고, 불안은 후퇴가 아니라 도약의 순간이라는 것을. 삶의 여러 국면에서 우리는 흔들리지만, 그 흔들림이 관계를 더 진솔하게 만들고, 가족·친구·직장 동료와 서로를 이해하는 기반이 되기도 합니다.

물론, 모든 것이 허무하게 느껴질 때도 있습니다. 열심히 살아왔는데 어딘가 허전한 느낌, 뭔가 잘못된 것 같다는 의심이 고개를 들 때도 있습니다. 하지만 그때마다 조금씩 알아갑니다. 완벽한 삶은 없고, 중요한 건 지금 이 순간 최선을 다하는 것임을. 이 불완전함을 수용하는 태도 자체가 삶을 지탱해 주는 힘이 됩니다.

나이가 들수록 새로운 시작이 덜 두려워지는 이유는 실패해도 다시 일어설 수 있다는 것을 경험으로 배웠기 때문입니다. 젊을 때는 한 번 실패해도 인생 전체가 무너지는 것처럼 느꼈지만, 이제는 실패가 오히려 또 다른 시작점일 수 있음을 압니다. 쓰러져도 다시 일어설 수 있고, 늦더라도 늦지 않다는 믿음이 생겼습니다.

그래서 마흔의 흔들림은 단지 두려움이 아니라 성

장의 기회가 됩니다. 우리는 조금씩 배워갑니다. 흔들리면서도 앞으로 나아갈 수 있다는 것, 완벽하지 않아도 괜찮다는 것, 그리고 늦어도 다시 시작할 수 있다는 것을. 이런 관용과 용기가, 가족·친구·직장 동료와의 관계에도 신뢰를 더해 줍니다. 흔들려야 비로소 새 길이 보이듯, 그 과정에서 더욱 결속되고 서로를 응원하는 법을 배우게 됩니다.

이제는 젊은 시절처럼 모든 것을 증명하려 애쓰지 않아도 됩니다. 타인의 시선에 맞춰 살기보다는 내 마음의 소리에 귀 기울이는 시간이 늘어났습니다. 아침 커피 한 잔의 여유, 저녁 산책길의 고요함, 가족과 나누는 소소한 대화 속에서 진짜 행복이 무엇인지 조금씩 알아가고 있습니다. 성취와 성공만이 삶의 가치를 매기는 척도가 아니라는 것, 그저 오늘 하루를 성실히 살아내는 것만으로도 충분히 의미 있다는 것을 깨닫게 됩니다. 이런 작은 깨달음들이 쌓여 나만의 단단한 중심을 만들어 가고, 그 중심에서 나오는 평온함이야말로 중년기가 선사하는 가장 소중한 선물일지도 모릅니다.

당신이 어떤 흔들림을 겪고 있든, 그것은 괜찮습니다. 오히려 그 흔들림이 당신을 더 단단하게 만들고, 주변과의 관계에도 새로운 깊이를 부여합니다. 마흔이라는 나이는 끝이 아닌 새로운 시작이며, 흔들림은 멈춤이 아니라 도약을 준비하는 움직임입니다. 당신은 이미 충분히 잘 해내고 있습니다.

성찰 질문 & 실천 미션

성찰 질문

1. "당신의 관계에서 가장 어려움을 느끼는 부분은 무엇인가요? 그것을 해결하기 위해 어떤 노력을 하고 있나요?"

- 사랑이든 우정이든 혹은 직장 동료와의 관계든 잘 풀리지 않는 대목을 구체적으로 떠올려 보세요.
- 문제를 해결하기 위해 지금 어떤 시도를 하고 있고, 앞으로 더 할 수 있는 일이 무엇인지 정리해 봅니다.

2. "오늘 하루 당신이 누군가에게 준 따뜻한 말이나 행동은 무엇이었나요?"

- 상대가 꼭 '가까운 사람'이 아니어도 좋습니다. 편의점에서 잠깐 스쳐 간 점원, 택시 기사님에게 한마디 감사 인사, 직장 동료에게 건넨 작은 칭찬 등.
- 이런 사소한 배려가 쌓여 관계의 결을 바꿀 수 있음을 기억해 봅니다.

3. "다른 사람을 돕느라 놓치고 있는 자신의 필요는 무엇인가요?"

- 타인에게 베푸는 일은 소중하지만, 그 과정에서 '나'라는 존재가 소진되고 있지는 않은지 돌아보세요.
- 정작 내 감정과 건강, 여유를 돌볼 시간이 부족하다면, 그것을 어떻게 회복할지 고민해 보는 것도 중요합니다.

실천 미션: 관계의 정원 가꾸기

오늘 하루 동안 아래의 미션을 시도해 보세요.

☐ 아침: 소중한 사람에게 짧은 감사 메시지 보내기
- "고마워", "덕분이야", "오늘도 힘내!"처럼, 평소 당연하게 여겼던 고마움을 표현해 보세요. 상대뿐 아니라, 나 자신도 따뜻함을 느끼게 됩니다.

☐ 오전: 동료의 이야기를 판단하지 않고 경청하기
- 직장이나 일상에서 누군가 고민을 털어놓을 때, 조언이나 평가를 서두르지 말고 우선 '그 자체로' 들어줍니다.
- 듣는 태도가 달라지면, 상대도 한결 편안하게 마음을 열게 됩니다.

☐ 점심: 나를 위한 여유로운 시간 갖기
- 바쁜 일정이라도 10~15분 정도 혼자만의 시간을 만들어, 잠깐 산책을 하거나 차 한 잔을 음미하세요.
- 누군가에게 계속 '좋은 사람'이 되려면 먼저 나를 돌보는 여유가 필요합니다.

□ **오후: "아니요"라고 말해야 할 때 단호하게 말하기**
- 업무나 부탁이 들어왔을 때, 내 역량이나 스케줄상 무리가 되면 정중히 거절해 봅니다.
- 무조건 "예스"를 외치는 게 배려가 아니며, '나를 존중하는 태도' 역시 건강한 관계의 기초가 됩니다.

□ **저녁: 가족과 온전히 함께하는 시간 보내기**
- TV나 스마트폰을 잠시 내려두고, 짧게라도 서로 대화에 집중하세요.
- "오늘 어땠어?"라는 다정한 한마디가 관계의 온도를 크게 높입니다.

5장의 핵심 깨달음: 관계는 완벽할 필요가 없습니다

- 서로의 불완전함을 이해할 때 관계는 더 깊어집니다.
- 나를 사랑하는 만큼 타인도 나를 존중합니다.
- 때로는 거리를 두는 것도 관계를 지키는 방법입니다.

마흔 이후의 삶에서 관계를 다시 쌓는다는 것은 상대방뿐 아니라 나 자신도 함께 돌보면서, 완벽하지 않은 현실과 모습을 인정하는 태도에서 시작됩니다. 이번 장에서 관통하는 메시지는 "우리는 다소 모나고 불완전해도, 서로를 보듬고 성장시키며 관계를 더욱 단단하게 만들 수 있다"는 사실입니다. 오늘 제안한 성찰과 실천을 통해 조금씩 관계의 정원을 가꾸어 가길 바랍니다.

제6장

마흔, 성공을 재정의하다

성공 vs 실패,
진짜 의미는 무엇인가?

"진정한 성공이란 외부의 성과가 아닌, 내면의 평화를 얻는 것이다."

_에픽테토스

현대 사회는 끊임없이 성공을 재촉합니다. 더 높은 직위, 더 큰 수입, 더 좋은 평판… 그런데 과연 이런 외적 성취가 진짜 성공일까요? 이천 년 전, 스토아 철학자들은 '성공'이란 결국 내면의 상태에서 비롯된다고 강조했습니다. 세상을 살다 보면 달콤하지 않은 진실들과 마주해야 합니다. 그 진실은 때로 쓰디쓸 수 있지만, 바로 그 쓴맛이 성장의 밑거름이 됩니다. 많은 이들이 성공을 꿈꾸지만, 그 길이 얼마나 험난하고 어떤 내면의 성장이 필요한지는 잘 모릅니다. 스토아 철학이 전하는 6가지 불편한 진실은 오늘날에도 여전히 유효하며, 진정한 성공이 무엇인지 깨닫게 해 줍니다.

세상은 생각만큼 당신에게 관심이 없다

> "타인의 평가는 우리의 통제 밖에 있다. 우리가 통제할 수 있는 것은 오직 우리의 판단과 행동뿐이다."
>
> _에픽테토스

세상이 우리의 내면까지 세심하게 돌봐줄 거라고 기대하기는 어렵습니다. 우리가 스스로의 가치를 보여 주지 않는 한, 세상은 굳이 관심을 갖지 않습니다. 듣기엔 차갑지만, 이 사실을 받아들이는 순간부터 진정한 성장이 시작됩니다. 어릴 때야 부모님이 아무런 대가 없이 우리를 돌봐주셨지만, 사회는 다릅니다.

"너는 무엇을 할 수 있느냐?"

이 질문에 대답할 수 없다면, 우리는 그저 스쳐 지나가는 얼굴일 뿐입니다.

입사 초기, 제 보고서에는 누구도 눈길을 주지 않았습니다. 그때부터 시장 조사를 더 깊이 했고, 실제 사례를 꼼꼼히 연구했습니다. 그렇게 팀에 실질적인 도움이 될 만한 자료와 아이디어를 제공하자, 사람들은 제 의견에 귀를 기울이기 시작했습니다. 스스로의 가치를 높이는 과정은 분명 고단했습니다. 하지만 그 과정에서 배운 것들이 지금의 나를 만들었습니다. 기다리는 것만으로는 아무도 나를 찾아주지 않습니다. 가치를 만들어 내고, 그것을 세상에 내보여야 합니다.

성장은 이별의 다른 이름이다

"변화를 두려워하지 마라. 변화 없이는 성장도 없다."
_마르쿠스 아우렐리우스

더 나은 자신이 되는 과정은 결코 쉽지 않습니다. 스토아 철학은 우리에게 변화의 필연성을 가르칩니다. 그 과정에서 우리는 많은 것들과 이별해야 합니다. 때로는 사람들과, 때로는 오래된 습관들과, 때로는 익숙했던 것들과도 작별해야 합니다. 짧게나마 편안함을 주던 것들이더라도, 더 높은 목표를 위해서는 이별이 불가피할 때가 있습니다. 이별에는 아픔이 따르지만, 그 아픔 속에서 진정한 가치를 깨닫고 새 길로 나아갈 힘이 생깁니다.

매주 금요일 저녁 친구들과의 술자리가 있었습니다. 즐거웠습니다. 하지만 직무 능력을 키우고 싶어 자격증 공부를 시작하면서 모임에 나가지 못하게 되었습니다. 친구들은 섭섭해했고 저도 마음이 무거웠습니다. 그러나 그 선택이 지금의 커리어를 열어 주었습니다. 이별의 순간은 아프지만, 바로 그 아픔이 우리를 한 단계 더 성장시킵니다. 익숙함에 매달릴 때는 몰랐던 가치를 깨닫게 해 주니까요.

지금 당장 시작하라

"철학은 행동으로 증명되어야 한다. 말이 아닌 행동으로."
_세네카

스토아 철학은 실천을 강조합니다. 꿈을 꾸는 것은 쉽지만, 그 꿈을 현실로 만드는 것은 어렵습니다. 완벽한 계획만 세우다 시간을 보내는 사람들이 많습니다. 이처럼 성공을 위해 준비만 하다가 시간을 허비합니다. 완벽한 준비가 될 때까지 기다리지만, 그러다 보면 기회는 사라지고 맙니다.

삼 년 전, 온라인 비즈니스를 본격적으로 시작했을 때 모든 것이 막막했습니다. SNS 마케팅, 고객 관리, 콘텐츠 제작… 하나도 자신이 없었지만, 매일 시행착오를 겪으며 조금씩 배웠습니다. 한번은 라이브 강의 중에 기술적 문제가 생겨 중단된 적도 있었습니다. 그때 채팅창에 수강생들이 올린 격려의 말들이 아직도 기억에 남습니다. 실수할 때마다 부끄러웠지만, 그 실수 덕분에 더 빨리 성장할 수 있었습니다.

주차된 차 안에서 아무리 운전을 연습해 봐야 소용없습니다. 실제로 도로에 나가 운전해 봐야 비로소 배울 수 있습니다. 인생도 마찬가지입니다. 책상 앞에 앉아 계획만 세우는 것으로는 부족합니다. 실제로 행동해야 합니다. 처음부터 완벽할 순 없습니다. 실수도 하고, 넘어질 수도 있지만, 그 과정에서 우리는 배웁니다. 그리고 그 배움이 우리를 성공으로 이끕니다. 일단 시작하고 나머지는 그 과정에서 알아가면 됩니다.

규율은 자기 사랑의 형태이다

"자유는 규율에서 시작된다."
_에픽테토스

스토아 철학자들은 규율의 중요성을 강조했습니다. 많은 사람들이 규율을 억압이나 제한으로 여기지만 사실은 규율을 통해 더 큰 자유를 얻을 수 있습니다. 규율은 우리 자신을 사랑하는 가장 강력한 방법이기도 합니다. 단순히 자신을 통제하는 것이 아닙니다. 스스로에게 규율을 부여할 때, 우리는 자신을 더욱 성장시킬 수 있다. 규율이 몸에 밸수록 삶의 주도권은 오히려 커집니다.

매일 아침 5시 20분 기상 습관을 들이기 전에는, 늘 아침을 허둥대며 시작했습니다. 처음에는 이불 밖으로 나오는 것조차 힘들었지만, 새벽 공기를 마시며 걷다 보면 마음이 맑아졌고, 조용히 앉아 호흡을 느끼는 10분은 하루를 차분하게 만들어 주었습니다. 특히 출근 전 이 고요한 시간은 업무 스트레스를 다루는 데 큰 도움이 되었습니다. 처음에는 어색했던 이 아침 루틴이 어느새 하루의 가장 소중한 시간이 되었습니다.

규율은 오히려 우리를 자유롭게 만듭니다. 규율 있는 삶은 우리에게 선택의 자유를 줍니다. 건강한 몸, 안정된 재정, 풍부한 지식. 이 모든 것은 규율을 통해 얻을 수 있습니다. 그리고 이것들이 우리에게 더 많은 기회와 선택권을 줍니다.

말에 행동을 일치시켜라

"당신의 행동이 당신의 말보다 더 크게 말한다."
_마르쿠스 아우렐리우스

말은 쉽습니다. 하지만 그 말을 지키는 것은 어렵습니다. 스토아 철학은 우리에게 진정성의 중요성을 가르칩니다. 많은 사람들이 큰 소리로 자신의 계획과 목표를 외치지만 정작 행동으로 옮기는 사람은 드뭅니다. 말로 자신을 포장하려 하지만, 행동이 따르지 않으면 그저 허황된 말일 뿐입니다. 성장은 자신의 말과 행동을 일치시키는 데서 시작합니다. 말뿐인 약속이 아닌, 행동으로 자신을 증명해야 합니다.

예전에는 약속을 쉽게 해 버렸습니다. "곧 연락할게", "다음에는 꼭 참석할게" 등 헛된 말들을 가볍게 내뱉었습니다. 하지만 그런 말들이 지켜지지 않을 때마다 관계가 조금씩 깨져갔습니다. 믿음이 무너지는 소리가 들리는 것 같았습니다. 이후부터는 작은 약속부터 하나씩 지켜나가기 시작했습니다. '오늘은 1시간만 공부하자'는 약속도 꾸준히 지켰습니다. '매일 글을 쓰자'라고 스스로에게 한 말도 반드시 지켰습니다. 시간이 흐르자 주변 사람들이 나를 대하는 태도가 달라졌습니다. 진정한 성공은 '행동으로 증명되는 말'에서 비롯됩니다.

비전과 행동은 함께해야 한다

> "행동이 없는 말은 텅 빈 철학이며, 비전 없는 행동은 맹목적인 충동일 뿐이다."
> _세네카

스토아 철학은 이상과 현실의 조화를 강조합니다. 비전이 없는 사람은 방향을 잃고 행동 없는 꿈은 그저 공상일 뿐입니다. 성공을 위해서는 비전과 행동의 균형이 필요합니다. 명확한 목표를 세우고 그 목표를 향해 행동으로 나아갈 때, 비로소 우리가 원하는 성취를 이룰 수 있습니다. 밤하늘의 별을 보며 꿈을 꾸는 것은 아름답습니다. 하지만 그 별을 향해 한 걸음도 내딛지 않는다면, 영원히 제자리입니다. 반대로 목적지 없이 열심히 달리기만 한다면, 그것도 헛된 수고가 됩니다.

'인생서당'이라는 북카페를 열겠다고 결심했을 때, 저는 머릿속에서만 구상하지 않았습니다. 퇴근 후에는 카페 창업 관련 강의를 들었고, 주말에는 비슷한 콘셉트의 공간들을 찾아가 벤치마킹을 했습니다. 독서 모임을 먼저 운영해 보면서 사람들의 니즈와 반응을 파악했고, SNS로 공간 콘셉트와 비전을 조금씩 알려 나갔습니다. 그렇게 꿈과 실천이 맞물려 결국 작은 북카페가 문을 열게 되었습니다. '함께 책을 읽고 성장하는 문화 공간'이라는 명확한 비전을 행동으로 뒷받침했기 때문에 가능했던 일이었습니다.

스토아 철학이 가르치는 이 6가지 진실은 현대 사회에서 성공을 꿈꾸는 우리가 외면하기 쉬운, 그러나 꼭 알아야 할 가르침입니다. "아무도 나를 특별히 돌봐 주지 않는다"는 냉정함이 스스로의 가치를 찾아가게 만들고, '성장은 이별의 다른 이름'이라는 사실이 익숙한 것과의 결별을 결단케 하며, '지금 당장 시작하라'는 메시지가 계획만 세우고 머물러 있지 않도록 독려합니다. 또한, '규율은 자기 사랑'임을 깨달을 때 삶은 더 주도적이 되고, '말과 행동의 일치'는 신뢰를 쌓아주며, '비전과 행동이 함께할 때' 헛된 꿈이나 맹목적 노력에 빠지지 않게 됩니다.

결국 성공이란 외부 기준이나 성과로만 재단되는 게 아니라, 내면의 평화를 구축하는 과정입니다. 하루하루 작은 실천이 모여 더 단단한 내가 되고, 그 결과물이 사회적 성과나 인정으로 이어질 수도 있습니다. 하지만 스토아 철학자들이 말했듯, 우리가 진정 통제할 수 있는 것은 오직 판단과 행동뿐입니다. 성공이란 성과가 아닌, '어제보다 조금 나은 내가 되어 가는 길'이며, 그 길에는 우리 내면의 평화가 자리 잡고 있어야 합니다.

이렇게 보면 '성공 vs 실패'라는 단순한 구도는 크게 중요하지 않을 수도 있습니다. 진짜 의미는 성취를 통해 내면을 풍요롭게 하는 것, 그리고 그 과정에서 자기 가치를 키우고 주변에 도움을 주는 사람이 되는 데 있는 게 아닐까 합니다. 때로는 험난하고, 수많은 시행착오와 이별이 동반되겠지만, 그 과정 자체가 우리에게 더 큰 자유와 성장, 그리고 진정한 성공을 선물할 것입니다.

어제 책상 앞에 앉아 지난 시간을 돌아보았습니다. 오 년 전의 나, 삼 년 전의 나, 일 년 전의 나… 그리고 지금의 나는 많이 달라져 있었습니다. 여전히 부족한 점이 많지만, 분명 조금씩 성장하고 있었습니다. 그 성장의 이면에는 이 불편한 진실들을 받아들이고 실천했던 시간들이 있었습니다. 성공이란 이렇게 하루하루 조금씩 더 나은 내가 되어 가는 것, 불편한 진실과 마주하고, 그것을 통해 배우고, 그렇게 한 걸음 한 걸음 나아가는 것이 아닐까 합니다. 어쩌면 행복은 그런 걸음들의 집합일지도 모르겠습니다.

진정한 성공,
세상의 기준과 어떻게 다를까?

　인간은 태초부터 더 나은 삶을 갈망해 왔습니다. 그러나 우리 시대는 '쉬운 성공'이라는 환상에 점점 더 빠져드는 듯합니다. 산 정상에서 맞이하는 장엄한 일출을 동경하면서도, 그곳에 이르는 가파른 등산로 대신 케이블카를 찾는 현대인의 모습이 이를 잘 보여줍니다.

　여기서 우리는 근본적인 질문을 던져야 합니다. 진정한 성취란 무엇인가? 그것은 단순히 목표에 도달하는 것인가, 아니면 그 과정에서 일어나는 존재의 본질적 변화인가? 동양의 수행자들은 '공부(工夫)'라는 말로 이를 설명해 왔습니다. 공부란 단순히 지식을 쌓는 것이 아니라, 인간의 본질을 가공하고 다듬어가는 작업입니다. 서양의 실존주의 철학자들 역시 인간의 본질은 고정된 것이 아니라 끊임없는 선택과 도전을 통해 '어떤 존재가 될지' 스스로 만들어 간다고 말합니다.

이러한 관점에서 볼 때, 진정한 성취란 외부의 목표 달성이 아닌 내면의 본질적 변화를 의미합니다. 그리고 이 변화는 필연적으로 고난의 과정을 동반합니다. 마치 대지를 뚫고 자라나는 새싹이 바위와 흙을 밀어내며 강인해지듯, 인간도 역경을 거치며 진정한 성장을 이룹니다. 이 과정에서 우리는 단순히 결과를 얻는 데 그치지 않고, 자기 존재를 깊이 이해하고 변화시킬 기회를 얻습니다.

이는 단순한 비유가 아닌 존재론적 진실입니다. 우리 선조들이 말한 "몸과 마음을 닦는다"는 말은 바로 이러한 고난의 과정을 통한 자아의 확장을 의미합니다. 단순히 아는 것보다 좋아하는 것이, 좋아하는 것보다 즐기는 것이 더 높은 경지에 이르는 길입니다. 쉬운 길을 통해 얻은 피상적 성공은 겉핥기식 지식에 불과하지만, 어려운 길을 견디며 얻은 성취는 그 과정 자체를 즐기는 경지에 이르게 합니다.

실패와 좌절은 종종 고통스럽지만, 동시에 내면을 비추는 거울이 되기도 합니다. 그 거울 속에서 우리는 자신의 한계와 가능성을 함께 마주하게 됩니다. 마치 대장장이가 뜨거운 불과 망치질로 쇠를 단련해 견고한 칼을 만들 듯, 시련은 우리의 본질을 단련하여 더 예리하고 단단한 존재로 변화시킵니다. 깨달음이 순간적 통찰이 아닌 끊임없는 수행을 통해 이루어지듯, 진정한 성장도 고통스러운 반복과 실패를 통해 이루어집니다. 결국 중요한 것은 실패 없이 성공은 없다는 상투적 표현이 아니라, 실패의 순간이야말로 존재가 재정립되는 기회라는 점입니다.

현대 사회는 우리에게 끊임없이 즉각적인 만족을 약속합니다. 빠른 배달 음식, 실시간 소통, 클릭 한 번으로 이루어지는 쇼핑, 순식간에 답이 나오는 인터넷 검색까지…. 이러한 즉각적 만족의 문화는 우리의 인내심을 점점 약화시키고 있습니다. 기다림과 꾸준한 노력을 낭비처럼 여기는 분위기 속에서, 깊이 있는 성취가 갖는 가치를 잊어가고 있는지도 모릅니다. 스마트폰 화면을 몇 번 터치하는 것만으로도 원하는 것을 얻을 수 있는 시대에, 우리는 점점 더 기다림의 미덕을 잃어가고 있습니다. 그러나 진정으로 가치 있는 것들은 결코 쉽게 얻어지지 않습니다. 악기 연주의 달인이 되는 것, 깊이 있는 지식을 쌓는 것, 의미 있는 관계를 만드는 것과 같은 것은 모두 단기간에 쉽게 얻어지지 않습니다. 오랜 시간 반복되는 훈련과 실패, 성찰이 필요한 영역입니다.

그렇기에 진정한 성취를 위해 치르는 희생은 포기가 아니라 고차원적 선택이라 할 수 있습니다. 이는 마치 동굴 속 그림자에 만족하지 않고 진리의 빛을 향해 나아가는 여정과도 같습니다. 당장의 편안함과 안락을 뒤로하고, 불확실하지만 더 큰 가치를 향한 용기가 필요합니다. 희생의 과정에서 우리는 자아의 본질적 변화를 경험할 수 있습니다. 나비가 되기 위해 고치 속에서 완전한 탈바꿈을 겪는 것처럼, 인간도 진정한 성장을 위해서는 기존의 자아를 해체하고 재구성하는 고통스러운 과정을 거쳐야 합니다.

따라서 우리가 직면하는 어려움은 단순한 장애물이 아니라, 우리를 더 높은 곳으로 이끄는 디딤돌이자 더 깊은 통찰을 가능하게 하는 스승이라 해도 과언이 아닙니다. 도서관과 실험실에서 보낸 대학 시절, 밤늦도록 이론을 연구하고, 실험을 반복하고, 결과를 분석하는 과정의 연속이었습니다. 때로는 한 번의 실험을 위해 수개월을 준비하고, 실패하고, 다시 시작해야 했습니다. 처음에는 이 지난한 과정이 너무나 고통스러웠지만 시간이 지나면서 그 실패의 순간들이 오히려 저의 가장 큰 배움의 순간이었다는 것을 깨닫습니다. 이런 깨달음은 짧은 통찰이나 순간적 영감이 아니라, 오랜 시행착오 속에서 서서히 익어가는 법입니다.

이제 학원에서 아이들을 가르치며 그들에게도 같은 메시지를 전합니다. 실수를 두려워하지 말라고, 그것이 바로 성장의 증거이자 과정이라고 말입니다. 등산가가 정상에 오르며 느끼는 성취감이 그저 경치 때문만은 아닐 것입니다. 그것은 자신의 한계에 도전하고, 고통을 견디며, 포기하고 싶은 순간들을 이겨낸 끝에 얻은 총체적 경험의 결과라고 할 수 있습니다. 이처럼 어려운 길이 주는 가치는 단순한 목표 달성을 넘어섭니다. 그것은 우리의 존재 자체를 변화시키는 깊이 있는 경험이 됩니다.

그러나 이러한 진실을 알면서도, 우리 시대는 너무나 쉽게 달콤한 길을 택하도록 부추깁니다. 클릭 한 번으로 욕구가 충족되고, 원하는 걸 즉시 얻을 수 있는 편리함은 때론 그리스 신화의 세이렌과 같습니다. 달콤한 노래로 뱃사람들을 유혹하지만, 그 끝에는 파멸이 기다리고 있는 것처럼 말입니다. 진정한 지혜는 이러한 유혹을 인식하고, 의식적으로 어려운 길을 선택하는 데에서 시작됩니다. 우리 시대의 역설은 편리함이 극대화될수록 인간의 본질적 성장은 저해된다는 점입니다. 온실 속 화초는 쉽게 화려한 꽃을 피울 수 있어도, 바람과 비를 견디며 강인해지는 자연의 야생미를 얻긴 어렵습니다. 이처럼 너무 쉬운 길은 오히려 우리의 잠재력 실현을 방해합니다.

결국, 삶의 본질은 편안함이 아닌 성장에 있다는 사실로 귀결됩니다. 역경을 피하기보다 맞서는 과정에서 우리의 한계와 가능성을 확인하게 되고, 그로 인해 한층 더 높은 존재로 발전할 수 있기 때문입니다. 대지를 뚫고 올라오는 새싹이 끊임없는 저항을 통해 마침내 햇빛을 만나는 것과 같습니다. 새싹은 그 과정에서 자신의 뿌리를 더 깊이 내리고, 줄기를 더 단단하게 만들며, 생명력을 더욱 강화합니다. 우리의 삶도 이와 다르지 않습니다. 어려움을 피하지 않고 정면으로 마주할 때, 우리는 내면의 뿌리를 깊고 튼튼하게 만들 수 있습니다.

마흔의 나이는 인생의 정중앙입니다. 뒤돌아보면 지난 이십여 년의 성공과 실패가 켜켜이 쌓여 있고, 앞을 바라보면 또 다른 이십여 년이 역시 우리를 기다립니다. 스무 살의 열정만으로는 부족했고, 서른 살의 야망만으로는 설명되지 않는 것이 진정한 성공이라는 것을 마흔이 되면 알게 됩니다. 그것은 고난의 길에서 내 존재를 새롭게 빚어가는 과정이었습니다. 그저 정상에 올라서는 것이 아니라, 그 길을 올라가는 동안 내가 어떻게 변했는가가 진짜 성취를 좌우합니다.

진정한 성공은 단순한 목표 달성을 넘어, 삶 전체를 바꾸는 고난의 연단을 통해 인간이 한 단계 더 확장된 모습을 갖추는 데 있습니다. 우리가 선택해야 할 것은 쉬운 길이 아닌, 우리를 진정으로 성장시키는 고난의 길입니다. 한 번도 넘어지지 않고 얻은 쉽고 빠른 결과물이 아니라, 시행착오와 시간이라는 힘든 과정을 통과하며 더 깊은 차원의 자아를 만나게 되는 것입니다. 그것이 우리가 무심코 지나칠 수 있는 세상의 성공 기준과 다른, 진정한 성공의 의미라 할 수 있습니다. 이는 단순한 선택의 문제가 아닌, 인간으로서의 소명이며 존재론적 책무입니다. 모든 위대한 여정이 작은 한 걸음에서 시작되듯, 우리의 성장도 어려운 길을 택하는 용기 있는 선택에서 시작됩니다.

이러한 진리는 거창한 철학책 속에만 있는 것이 아닙니다. 우리의 일상 속 작은 순간들, 평범한 하루하루의 선택들 속에서도 이 깊은 지혜는 우리를 기다리고 있습니다.

일상 속 작은 진실들, 놓치고 있지는 않은가?

　때때로 평범한 하루 안에서, 문득 마음을 울리는 말들이 있습니다. 출근길 지하철에서 우연히 읽은 책 한 구절, 친구와 나눈 대화 속 스쳐 지나간 말 한마디 혹은 늦은 밤 휴대폰을 넘기다 발견한 짧은 글귀. 이런 순간들이 묘하게 오래 기억에 남아 계속 생각하게 됩니다. 마치 오래된 친구처럼 때때로 찾아와 위로가 되고, 또 어떤 때는 새로운 관점으로 세상을 보게 해 줍니다. 그리고 어쩌면 이런 작은 깨달음이 우리 인생의 가장 큰 전환점이 되기도 합니다.

　평생 직장인으로 살 것 같았던 저는 사십 대 중반

에 다니던 회사를 그만두고 영어학원을 시작했습니다. 그때 우연히 본 "잃어버린 것이 때로는 선물이 된다"라는 말이 한동안 제 일기장 첫 장에서 저를 반겼습니다. 처음에는 식상한 위로로만 들렸지만, 안정된 직장을 떠나 새 길을 모색할 때 이 말이 전혀 다른 의미로 다가왔습니다. 누군가 말했듯, 지금 서 있는 곳에서 꿈꾸는 곳으로의 이동은 힘든 과정이었습니다. 월급날마다 채워지던 통장은 비어 갔지만, 대신 그 자리에 새로운 꿈을 펼칠 수 있는 여백이 생겼습니다. 매일 아침 정장 대신 편안한 옷을 입고, 회의실이 아닌 교실에서 아이들과 마주하는 새로운 일상이 시작되었습니다. 처음에는 잃어버린 것들이 너무 커 보였는데, 어느새 그 빈자리가 제 삶을 더 가볍고 자유롭게 만들어 주었음을 깨닫습니다.

길거리에서 매일 마주치는 사람들의 표정을 보다 보면, 우리 모두 각자의 무거운 짐을 안고 살아가는 것 같습니다. 누군가는 승진 압박에, 누군가는 육아와 일의 균형에, 또 누군가는 미래에 대한 불안감에 짓눌려 있습니다. 그래서인지 "언젠가 모든 게 괜찮아질 거야. 지금은 그저 그 과정을 지나고 있을 뿐이야"

라는 짧은 말이 때때로 큰 위로가 됩니다. 더욱이 요즘처럼 불확실성이 큰 시대에는 이런 작은 말이 주는 안도감이 더 크게 다가오는 것 같습니다. 조금 더 살아본 입장에서 한 가지 확실히 말할 수 있는 것은 그토록 힘들어 보이던 일들도, 시간이 지나고 나면 다 지나갈 일이었다는 것입니다.

사람들과의 관계도 마찬가지입니다. 젊을 때는 모든 인연을 붙잡고, 모든 관계에 올인하려 했습니다. 제 마음과 시간을 쏟아부으면 그만큼 관계도 깊어질 거라 믿었습니다. 하지만 세월이 흐르면서 건강한 관계는 오히려 적당한 거리를 유지하는 데서 온다는 것을 깨달았습니다. 피아노 건반처럼 서로가 각자 자리를 지키면서도 적절히 맞물릴 때 아름다운 화음이 만들어지는 것처럼 말입니다.

식물에 물을 주다 보면, 시들어 버린 잎을 언제까지 붙잡고 있어야 할까 고민이 생깁니다. 이제는 잘라내고 새잎이 날 자리를 만들어 줘야 하지 않을까 싶어질 때가 있습니다. 회사를 그만두고 새로운 길을 찾던 그때처럼, 인생의 여러 순간에서 우리는 놓아주기를 배웁니다. 그리고 신기하게도, 놓아주기를 배울 때마다 삶은 한결 가벼워집니다.

매일 학원에서 학생들을 만나며, 그들에게서도 많은 것을 배웁니다. 특히 요즘 학생들은 우리 세대와는 참 다릅니다. 취업은 점점 어려워지는데 대학은 여전히 가야 하는지, 스타트업을 차릴지 대기업을 목표로 할지, 아니면 아예 외국으로 눈을 돌려 볼지… 그들의 고민은 우리 때보다 더 복잡하고 다층적입니다. 얼마 전 한 고등학생은 "선생님은 왜 회사를 그만두고 학원을 시작하셨어요?"라고 물었습니다. 단순한 질문 같지만, 대답하기가 참 어려웠습니다. "안정적인 것보다 하고 싶은 일을 선택했다"고 하자, 학생은 고개를 갸웃거렸습니다. "요즘은 안정적인 게 최고라고들 하는데…" 그 말에 저도 잠시 생각에 잠겼습니다. 십 년 전 나의 선택이 지금의 청년들에게는 어쩌면 사치스러운 모험으로 들릴 수도 있겠다는 생각이 들었습니다.

가끔은 수업 중에 휴대폰을 몰래 보는 학생들을 발견합니다. 처음에는 공부에 집중하지 않는다고 걱정했는데, 어느 날 보니 그 아이가 주식 앱을 보고 있었습니다. 열여덟 살 고등학생이 주식에 관심을 갖는 게 놀라웠지만, 더 놀라웠던 건 그 이유였습니다.

"부모님이 은퇴하시면 제가 모신다고 약속했거든요."

이런 대화들을 통해 매일 같이 새로운 세상을 배워갑니다. 유튜버를 꿈꾸거나 이모티콘 작가, 환경운동가를 희망하는 아이들, 겉보기에는 막연하고 불안해 보이는 이 꿈들이 어쩌면 우리가 미처 보지 못한 새로운 세상을 향한 나침반일지도 모릅니다.

이렇게 새로운 세대를 바라보면서 저 역시 제 꿈을 돌아보게 됩니다. 삶은 서로가 서로에게 배우고, 함께 성장해 가는 과정인 듯합니다. 제가 젊은 시절 안주하지 않고 새로운 도전을 선택했던 것처럼, 지금의 청소년들도 그들만의 방식으로 새로운 길을 열어갈 거라고 믿습니다. 단지 그 과정이 우리 때보다 조금 더 복잡하고 어려워졌을 뿐입니다.

매주 일요일 저녁, 좋아하는 재즈 음악을 틀어놓고 한 주를 정리할 때면, 창밖으로 보이는 도시의 불빛들 사이로 각자의 이야기를 살아가고 있을 사람들을 생각합니다. 서로 다른 세대, 서로 다른 고민과 꿈을 안고 살아가는 우리들, 그리고 그 속에서 우리가 마주치는 이런저런 말들을 어떻게 받아들이느냐가 결국 인생의 흐름을 바꾸기도 합니다. 그리고 그 작은 문장들은, 우리가 어느 정도 준비가 되었을 때 그 진짜 의미를 전해 줄지도 모릅니다.

    어제 퇴근길에 우연히 옛 직장 동료를 만났습니다. 여전히 회사에 다니고 있다는 그는 "언젠가 정말 하고 싶은 일을 찾아 도전해 보고 싶다"고 말했습니다. 그러면서 "가끔 이사님을 떠올린다"고 덧붙였습니다. 그 말을 들으며 생각했습니다. 우리 모두 각자의 시간 속에서 각자의 걸음을 걷고 있다고. 누군가에게는 지금이 도전할 때이고, 누군가에게는 지금이 기다릴 때이며 또 누군가에게는 지금이 준비할 때일 것입니다. 중요한 것은 그 모든 순간들이 그냥 흘려보내는 시간이 아니라 우리를 조금씩 성장시키는 소중한 순간들이라는 사실입니다.

    어쩌면 우리가 놓치고 있는 작은 진실은, 이렇게 평범한 하루 중 문득 찾아올 수 있습니다. 사소해 보이지만 큰 변화를 일으킬 단서를 주는 말, 누군가의 짧은 한마디, 우연히 스친 문장들, 그리고 그 메시지가 정말로 마음에 스며드는 때는, 우리가 그걸 받아들일 준비가 되었을 때일지도 모르겠습니다.

행복의 의미,
왜 점점 멀어진다고 느껴질까?

퇴근 후 지친 몸을 이끌고 집에 돌아오면, 어느새 소파에 누워 휴대폰을 들게 됩니다. 수십 개의 알림이 기다리고 있습니다. 무수한 알림과 SNS에서 친구들이 올린 멋진 저녁 사진, 흥미로운 뉴스 알림, 새로 올라온 드라마 소식… 손가락은 습관처럼 화면을 위아래로 스크롤하지만, 두어 시간이 휙 지나고 나면 문득 허전함이 밀려옵니다. "또 하루도 이렇게 보냈구나" 하는 자책과 함께.

이런 광경은 이제 우리 모두의 일상이 되었습니다. 사람들과 어울리는 자리에서도 각자 휴대폰만 들여다보고, 잠들기 전 마지막으로 보는 것도, 아침에 눈 뜨자마자 확인하는 것도 휴대폰입니다. 재미있는 콘텐츠와 풍부한 정보가 넘쳐나지만, 정작 그만큼 행복해지고 있느냐 묻는다면 선뜻 "그렇다"라고 대답하기 어렵습니다.

옛 철학자들은 이미 "진정한 행복은 순간적 즐거움과 다르다"는 사실을 알았습니다. 오늘날 우리는 이전에는 상상도 할 수 없었던 많은 즐거움을 누릴 수 있습니다. 스마트폰 하나로 전 세계 소식을 실시간으로 접하고, 멀리 있는 친구와 대화하며, 온갖 문화 콘텐츠를 무제한으로 즐길 수 있는 시대에 살고 있습니다. 하지만 묘하게도 이런 편리함이 우리의 행복을 방해하고 있습니다. 배고픈데 영양가 있는 식사 대신 과자로 허기만 달래는 것처럼, 디지털 세상의 자극은 우리 마음 깊은 곳의 갈증을 채우지 못하는 경우가 많습니다. SNS에서 얻는 '좋아요'나 간편한 디지털 자극은 빠르게 사라지는 아침이슬 같은 만족감을 줄 뿐이고, 오히려 더 큰 허전함만 남기는 결과를 낳기도 합니다. 실제 연구 결과를 보면, SNS 사용량이 많을수록 외로움과 불안이 커진다고 합니다. 이는 우리 모두 이미 몸으로 느끼고 있는 사실입니다.

얼마 전, 휴대폰을 멀리 두고 오랜 친구와 차를 마시며 긴 대화를 나눈 적이 있습니다. 손가락이 심심해 어쩔 줄 모르던 것도 잠시, 시간이 흐를수록 마음이 오히려 차분해지는 걸 느꼈습니다. 서로의 이야기에 귀 기울이고 깊은 대화를 나누면서 느낀 따뜻함은 수백 개의 '좋아요'를 받았을 때보다 훨씬 오래 마음에 남았습니다.

이렇게 우리가 진짜로 필요한 것은 깊이가 아닐까요. 맑은 호수처럼, 겉으로 잔잔하되 속은 깊은 평화를 머금고 있어야 합니다. 이런 내면의 깊이는 저절로 생기지 않습니다. 꾸준한 노력과 스스로를 다스리는 힘이 필요합니다. 매일 아침 일찍 일어나 명상을 하거나 운동을 하는 것은 처음에는 몹시 힘들지만, 작은 성취들을 쌓아가며 느끼는 뿌듯함과 자신을 이겨냈다는 자부심은 순간적 즐거움과 비교할 수 없을 정도로 깊은 만족을 줍니다.

특히 중요한 것은 자유에 대한 새로운 시각입니다. 흔히 자유를 하고 싶은 것을 마음대로 하는 것이라고 여기지만, 정말로 마음이 시키는 대로만 사는 것이 진정한 자유일까요? 당장 하고 싶은 것을 참고 더 중요한 일에 집중할 때, 우리는 오히려 더 큰 자유를 얻습니다. 늦은 밤까지 스마트폰을 보는 대신 일찍 자고 아침을 준비해 운동까지 해내면, 처음에는 억지로 자제하는 것 같지만, 조금 불편했어도 결과적으로 나를 더 가볍게 만들었다는 뿌듯함이 생깁니다.

지금 우리는 알림음과 끊임없는 자극 속에 삽니다. 잠깐의 지루함도 참지 못하고 휴대폰을 확인하며, 그러는 사이 깊은 생각과 집중력, 그리고 사람 사이의 진정한 소통은 점차 사라져 가는 듯합니다. 점점 더 많은 사람들이 디지털 디톡스를 이야기하고, 명상 애플리케이션이 인기를 끄는 것도 우리 모두가 이 문제를 느끼고 있기 때문입니다. 이제는 생각을 바꿔야 할 때입니다. 순간의 즐거움이 주는 달콤함을 넘어서, 더 깊고 오래가는 행복감을 찾을 수 있는 길은 자신을 절제하고 다스리는 것에서 비롯됩니다. 이는 결코 불편한 억압이 아니라, 더 큰 자유와 기쁨으로 가는 통로가 됩니다. 추운 겨울을 견딘 매화가 가장 향기로운 꽃을 피우듯, 우리도 작은 유혹들을 이겨낼 때 한층 깊은 행복에 닿을 수 있습니다.

오늘 저녁, 평소와 다르게 보내 보는 건 어떨까요? 휴대폰을 멀리 두고, 오랫동안 미뤄 둔 책을 펼치거나, 가족과 차분히 대화를 나누거나, 혹은 그저 조용히 창밖을 바라보며 자신의 마음에 귀 기울여 보는 것입니다. 세상은 빠르게 변하고 있지만, 인간의 마음 깊은 곳에 자리 잡은 행복에 대한 갈망은 변하지 않습니다. 스마트폰이 생기기 전에도, TV가 있기 전에도, 사람들은 행복을 찾아 끊임없이 노력했습니다. 인간의 마음은 아무리 시대가 바뀌어도, 내면을 돌아보고 소중한 이들과 진심을 나누며 의미 있는 성장을 이뤄갈 때 가장 충만하게 행복해집니다. 기술이 발전해도 그 본질은 쉽게 변하지 않습니다.

이러한 작은 실천들이 하나씩 모여, 허전함만 남는 디지털 의존을 벗어나 점점 더 깊고 진정한 행복으로 향할 수 있을 것입니다. 그리고 그 과정에서 우리는 변하지 않는 삶의 진리를 다시금 깨닫게 되리라 믿습니다.

미로에서 만난 삶의 지혜, 길을 잃고서야 깨닫는 것들

시간이라는 강물은 종종 우리의 예상을 비웃기라도 하듯, 전혀 다른 지점으로 우리를 데려다 놓습니다. 젊은 시절 확신에 찬 발걸음으로 그려 놓았던 인생의 지도가, 막상 마흔 즈음이 되면 그저 하나의 가능성에 불과했다는 것을 알게 됩니다. '이 길이 맞을 줄 알았는데…'라는 생각이 무색하게, 익숙해 보였던 길이 막다른 골목이 되곤 합니다.

하지만 그런 순간이야말로 우리가 가장 깊은 지혜를 얻는 시기이기도 합니다. 오랫동안 믿어 왔던 가치가 흔들리고, 쌓아 온 경험이 무의미해지는 것처럼 보일 때, 역설적으로 우리는 이전엔 보지 못했던 가능성을 발견하게 됩니다. 예상치 못한 전환점에서 마주치는 깨달음이나 막다른 길 끝에서 우회로를 찾다 만나는 뜻밖의 선물들—이 모든 것은 책 속 지식과는 전혀 다른, 삶이 직접 건네주는 가르침이라 할 수 있습니다.

인생의 모든 순간에는 의미가 있습니다. 돌아가는 길을 택했다고 해서 그 길이 반드시 틀렸다고 할 수는 없습니다. 오히려 그 굽이굽이 돌아가는 과정 속에서 우리는 진정 소중한 것들을 발견하기도 합니다. 두려움과 불안으로 가득한 선택의 순간들, 그 모든 발걸음이 쌓여 지금의 우리를 만들었습니다. 마치 미로 속을 헤매다 막다른 길을 만났을 때, 돌아가는 수고를 감수해야만 더 넓은 길을 찾게 되는 것처럼 말입니다.

이제 마흔을 살아가는 우리에게, 이 미로 같은 여정이 조금은 지치고 혼란스럽게 느껴질 수도 있습니다. 그러나 막다른 골목 앞에서 다시 길을 찾아내는 노력, 우회로를 택해보는 도전, 예상치 못한 방향 전환이 주는 깨달음 등은 결국 우리의 시야를 넓히고 삶의 깊이를 더해 줍니다. 잘못된 길이라 생각했던 그 길이 지나고 보면 가장 큰 깨달음과 성장을 안겨 주기도 합니다. 길을 잃고 헤매는 시간이야말로 우리 안의 가능성을 깨우는 소중한 계기가 될 수 있다는 사실을 이제는 조금씩 이해하게 되었습니다.

역경을 성장의 씨앗으로

"이제 와서 새로운 시작이라고?"

이십 년 넘게 다닌 직장을 그만두고 새로운 길을 택할 때, 주변의 걱정 섞인 말들이 무겁게 들렸습니다. 그러나 가장 어려운 순간에 삶은 종종 깊은 지혜를 건네줍니다. 낯선 길을 걷는 불안과 긴장을 정면으로 마주할 때, 진정한 성장이 시작되기 때문입니다. '이 길이 맞을까'라는 두려움을 뚫고 나아가는 과정에서 우리는 이전에는 몰랐던 자신만의 힘을 발견하게 됩니다.

인간은 본능적으로 고통을 피하고 편안함을 추구합니다. 그러나 가장 어려운 순간이야말로 진정한 성장이 시작되는 출발점이 됩니다. 십팔 년간의 안정된 직장을 떠나 새로운 길을 선택할 때 마주한 두려움은, 오히려 저를 더 깊게 만들어 주었습니다. 처음 문을 연 작은 공부방에서 매일 학생들과 부딪히며 배운 것은 단순한 용기 이상의 것이었습니다. 도전과 실패는 더 넓은 이해의 문을 열어 주었고, 불안했던 시작은 인생의 전환점이 되었습니다. 역경은 우리를 두렵게 만들지만, 동시에 인간을 더욱 깊어지게 만듭니다. 전환점은 이렇게 우리가 가장 불안할 때 찾아옵니다.

깊이 있는 시선으로

불확실한 미래 앞에서, 우리가 바라보는 세상의 면모도 달라집니다. 과거엔 숫자와 성과만 중시했더라도, 이제는 사람들의 마음과 관계의 본질이 먼저 눈에 들어올 수 있습니다. 같은 눈이지만, 마흔이 넘어가면서 그 깊이가 달라집니다. 일상의 작은 순간 속에도 인생의 법칙이 숨겨져 있음을, 자꾸만 경험으로 깨닫게 됩니다. 이렇듯 세상을 바라보는 눈의 깊이가 삶의 깊이를 결정합니다. 예전에는 수출 시장 분석에만 매달리던 눈이, 이제는 학생들의 성장을 관찰하는 데 집중합니다. 겉보기엔 전혀 다른 길처럼 보여도 그 본질은 통해 있습니다. 숫자 너머의 사람을 보던 직관이 이젠 문법 오류 너머 학생의 마음을 읽어내는 지혜가 되었습니다.

우리가 나누는 대화는 우리의 관심사를 보여 줍니다. "시험 성적이 왜 이 정도밖에 안 되죠?"라고 묻는 학부모의 말 이면에는 불안한 마음이 숨겨져 있지 않은지 헤아릴 줄 알아야 합니다. 이렇게 보이는 것 너머를 보려는 노력이 쌓일 때 삶의 시야가 훨씬 넓어집니다. 삶은 결코 단순한 직선이 아니고, 때로는 나선형이나 지그재그로 이어지는 복잡한 여정입니다. 하지만 그 모든 굴곡에 의미가 있음을 깨닫게 될 때, 우리의 모든 발걸음이 특별해집니다.

경청과 소통의 지혜

우리에게 귀가 둘, 입이 하나인 것은 우연이 아닐

것입니다. 말하기보다 듣기를 두 배로 하라는 자연의 지혜가 담겨 있습니다. 진정한 소통은 상대의 말에 깊이 귀 기울일 때 시작됩니다. "영어가 늘지 않아요"라고 말하는 학생의 한숨 속에는 단순한 학습의 어려움을 넘어선 좌절이나 불안이 담겨 있습니다. 그 말 너머의 진심을 듣는 법을 배우는 데 꽤 긴 시간이 걸렸습니다.

침묵 속에도 깊은 메시지가 담길 수 있습니다. 수업에서 가장 빠르게 성장하는 아이들을 보면, 말을 유창하게 하는 학생이 아니라 경청하는 자세를 가진 학생들이 많습니다. 그들은 상대방이 말하지 않은 부분까지 헤아리며 마음속 진심을 포착해냅니다. 말 한마디가 때로는 인생을 바꿀 수 있고, 제때 하는 말은 침묵 못지않게 큰 영향력을 지닙니다. 말의 무게를 알 때 관계도 깊어집니다.

내면의 여정을 믿는 힘

"큰 학원들이 많은데, 여기서 잘 될까요?"

처음 학원을 시작했을 때 숱하게 들었던 질문입니다. 흔들릴 수밖에 없었습니다. 더 많은 광고, 더 큰 규모, 더 화려한 프로그램을 고민하기도 했습니다. 하지만 결국 깨달은 건, 진정한 변화는 외부가 아니라 내면에서 시작된다는 사실이었습니다. 우리가 갖는 불만이나 비판은 종종 자기 자신을 비추는 거울이기도 합니다. 자신의 약점을 직면하고 받아들이는 용기가 모든 성장의 첫걸음이 됩니다.

사람들은 흔히 더 나은 환경이나 조건, 높은 지위와 같은 외부의 변화를 추구하지만, 진정한 만족은 내면을 이해하고 받아들이는 데서 나온다는 점을 잊곤 합니다. 자신을 이해하는 깊이만큼 세상을 바라보는 시야도 달라집니다. 인생이라는 여정에서 우리는 끊임없이 성장하고 변화합니다. 그 과정에서 때로는 넘어지고, 때로는 길을 잃기도 합니다. 하지만 실패가 새로운 지평을 여는 문이 되고, 아픔은 더 깊은 공감을 가능하게 하는 토양이 됩니다. 그리고 그로부터 얻은 만족은 아무리 큰 결과물로도 대신하기 어려운 법입니다.

공감과 포용의 힘

"문법 위주로 가르쳐 주세요."
"회화가 더 중요하죠. 실용적으로…."

서로 다른 학부모의 요구 사이에서 갈등이 생길 때, 처음엔 어떻게 조율해야 할지 몰라 난감했습니다. 판단을 멈추고 서로의 입장을 그대로 받아들이기 시작했을 때 의외로 더 나은 해결책이 보이기 시작했습니다.

갈등은 피할 수 없는 인생의 일부입니다. 하지만 갈등 자체가 '나쁜 것'이 아니라, 우리가 다름을 인정하고 포용할 때 오히려 관계가 더 굳건해질 수 있음을 보여 주는 시험이기도 합니다. 완벽한 이해는 없습니다. 다만 서로를 향한 진심 어린 노력이 있을 뿐입니다. 그 노력만으로도 갈등을 넘어서는 길이 열릴 수 있습니다.

지금 이 순간의 의미

매일 학원 문을 열기 전, 잠시 멈추어 생각합니다.
'오늘은 또 어떤 배움이 나를 기다리고 있을까?'

인생의 의미는 거창한 목표가 아니라, 이런 평범한 날들의 선택 속에 숨어 있습니다. 수업 중 오가는 작은 미소나 퇴근길의 짧은 감사 인사가 모여 하루를 행복하게 마무리할 수 있게 합니다.

삶의 깊이는 매 순간 얼마나 온전히 그 자리에 머무르고 있는가에 달려 있습니다. 과거의 후회나 미래의 불안에 사로잡혀 있으면, 현재라는 소중한 선물을 놓쳐버리기 쉽습니다. 지금 이 순간, 이 자리에서 할 수 있는 최선을 다하는 것, 그것이 삶의 본질입니다.

인생은 참으로 복잡한 미로와 같습니다. 때론 막다른 길에서 좌절하고, 돌아서야 하는 수고를 치르지만, 그 경험들이 쌓여 깊은 깨달음을 얻게 됩니다. 예상 못 한 우회로에서 뜻밖의 인연을 만나고, 한 번도 생각지 못했던 방향으로 길을 틀다가 스스로가 한층 확장되는 순간을 맞이하기도 합니다.

결국 이 미로 같은 여정이 바로 우리의 스승입니

다. 막다른 길에서 배우는 인내, 실패하는 순간 겪는 성장, 우회로를 택했을 때 마주치는 새로운 가능성—모든 발걸음이 조금씩 더 깊은 이해로 이어집니다. 완벽한 길이란 없습니다. 매번 주어진 갈림길에서 실수하고, 가끔은 길을 잃기도 하지만, 그 과정에서 우리는 내면의 힘을 발견합니다.

아마도 길을 잃을 때 비로소 깨닫게 되는 수많은 지혜가 우리를 더 자유롭고 성숙한 사람으로 만들어 줄 것입니다. 이 미로 속에서 만난 깨달음들이 당신의 여정에도 작은 이정표가 되기를 바랍니다. 나와 주변을 더 깊게 이해하고, 매 순간을 의미 있게 만드는 힘—그것이 인생을 헤쳐 나가는 가장 귀한 자산이 아닐까요?

성찰 질문 & 실천 미션

성찰 질문

1. "내가 길을 잃었다고 느꼈던 순간은 언제였나요? 그리고 그 경험이 내 삶에 어떤 전환점이 되었나요?"

- 과거의 '막다른 길'이나 '우회로'를 떠올려 보세요. 그때 얻은 교훈이 지금의 선택과 행동에 어떻게 반영되고 있는지 살펴봅니다.

2. "내가 생각하는 '진정한 성공'은 무엇이며, 이 정의는 인생의 어느 시점에 가장 크게 흔들렸나요?"

- 청년기, 서른 혹은 마흔에 들어서면서 그 정의가 어떻게 바뀌었는지 돌아봅니다.
- 바뀌었다면 그 이유는 무엇이었는지도 생각해 보세요.

3. "지금 이 순간, 당신의 삶에서 놓아주어야 할 것은 무엇인가요?"

- 과거에 대한 후회, 미래에 대한 과도한 불안, 남의 시선에 얽매이는 마음 등 내려놓아야 더 나아갈 수 있는 짐이 있는지 고민해 보세요.
- 그리고 '놓아주기'를 실행한다면 어떤 변화를 기대할 수 있을지 구체적으로 떠올립니다.

실천 미션: 성공의 재정의

오늘 하루 동안 아래의 미션을 시도해 보세요.

□ 아침: 하루를 시작하며 자신만의 성공 기준 세우기
- 종이 한 장에 '오늘 내가 생각하는 성공'을 한두 줄로 써 보세요.
- 회사 성과든, 가족과의 관계든 혹은 자기 돌봄이든, 무엇을 가장 중요하게 보고 있는지 명확히 해 봅니다.

□ 오전: 현재 순간에 온전히 집중하기
- 일이나 집안일을 하면서 '지금 내가 하고 있는 일'에 생각을 온전히 쏟아 보세요.
- 잡념이 떠오를 때마다 "나는 지금 ~을 하고 있다"라고 스스로 말하면서 집중 상태를 유지해 봅니다.

□ 점심: 디지털 기기로부터 30분 벗어나기
- 식사 시간이나 짧은 산책 중, 스마트폰을 가방이나 서랍에 두고 떠나 보세요.
- 그동안 주변 풍경, 몸의 감각, 함께하는 사람에게 집중하는 연습을 해 봅니다.

□ 오후: 작은 성취 하나를 기록하기
- 업무나 집안일, 운동, 학습 등 분야를 막론하고 '오늘 내가 해낸 작은 성공'을 찾습니다.
- 크게는 프로젝트 하나를 마쳤을 수도, 작게는 미뤘던 전화 한 통을

했을 수도 있습니다. 그 사실을 노트나 메모장에 기록해 두세요.

☐ 저녁: 오늘 하루의 의미 있는 순간 되돌아보기
- 잠들기 전 '오늘 내가 가장 기뻤던 순간'이나 '의미를 느낀 순간'을 떠올려 간단히 적어 보세요.
- 이것이 반복되면 삶에서 긍정적인 요소를 스스로 찾아내는 힘이 길러집니다.

6장의 핵심 깨달음: 진정한 성공은 내면의 평화에서 시작됩니다

- 외부의 기준이 아닌 자신만의 성공 기준을 세우세요.
- 매 순간 최선을 다하되, 결과에 집착하지 마세요.
- 작은 실천이 큰 변화를 만듭니다.

마흔 이후, 우리에게 진정으로 중요한 것은 세속적 성취 그 자체가 아니라, 자신만의 잣대로 삶을 재정의하고, 그 안에서 평화롭고 단단해지는 것이 아닐까요? 오늘 제안한 질문들과 미션들이, 여러분이 '진정한 성공'을 재정의하고 더 깊은 내면의 평화에 가까워지는 과정에 작은 이정표가 되길 바랍니다.

제7장

마흔, 일상을 다듬다

일상의 미학,
지친 마음을 어떻게 달랠까?

 삶을 변화시키는 힘은 거창한 계획이나 일회성 결심이 아닌, 매일의 작은 실천에서 시작됩니다. 무수한 선택이 쌓여 습관이 되고, 그 습관이 우리의 삶을 새롭게 빚어갑니다.

 삶을 변화시키는 힘은 거창한 계획이나 일회성 결심이 아니라, 매일의 작은 실천에서 시작됩니다. 무수한 선택이 쌓여 우리의 습관을 만들고, 그 습관이 궁극적으로 인생을 새롭게 빚어가죠.

 "작은 씨앗 하나가 정말 세상을 바꿀 수 있을까요?"

 이십 년째 도시 텃밭을 일궈 온 김민수 선생님은

자주 이렇게 묻습니다. 처음 그를 만났을 때, 콘크리트 건물 숲 사이 자그마한 텃밭에서 상추 모종을 심고 있었습니다.

"매일 아침 이곳에서 식물을 돌보다 보면 세상에서 가장 큰 진리를 발견하게 됩니다. 모든 위대한 변화는 보잘것없어 보이는 시작에서 비롯되죠."

그의 말은 동양의 현자 노자가 전한 지혜와 맞닿아 있습니다. 하늘을 향해 우뚝 솟은 백두산도 처음에는 땅속 깊은 곳의 작은 진동에서 시작되었듯, 인생의 거대한 변화 역시 미세한 움직임으로부터 태동합니다. 노자의 무위자연 철학은 복잡한 현대 사회에서도 여전히 우리 마음을 움직입니다. 그가 말한 '작은 실천이 만드는 변화의 묘리'와 '사랑이라는 근원적 힘'은 삶에서 지친 마음을 회복하고 일상을 새롭게 다듬는 데 하나의 이정표가 됩니다.

시간이 흘러 김 선생님의 작은 텃밭은 이제 마을의 중심이 되었습니다. 아이들은 이곳에서 생명의 신비를 배우고, 지친 직장인들은 잠시나마 평화를 찾습니다. 독거노인들은 공동 텃밭을 통해 이웃과 정을 나누고, 청소년들은 스스로 식물을 가꾸며 인내와 책임감을 익힙니다. 정말로 작은 씨앗 하나로 시작된 변화가 이렇게 많은 이들의 삶을 풍요롭게 해 주고 있습니다.

오늘날 우리가 맞닥뜨리는 불확실성과 끊임없는 성과 압박 속에서, 노자의 가르침은 더욱 절실합니다. 거대한 목표 앞에서 느끼는 두려움, 빠르게 변하는 세상에 대한 불안, 그리고 끊임없는 성과 압박 속에서 우리는 종종 길을 잃곤 합니다. 그러나 노자는 이러한 혼란 속에서도 흔들리지 않는 진실이 있음을 알려 줍니다.

산봉우리를 향해 등산하는 사람을 떠올려 보세요. 그는 정상만 바라보기보다는, 발밑에 놓인 작은 돌멩이 하나, 좁은 등산로 하나에 집중합니다. "어려운 일은 쉬울 때 하라. 위대한 일은 작을 때 하라. 천리 길도 한 걸음부터 시작된다"라는 노자의 말씀은, 큰 목표를 분해해 지금 할 수 있는 작은 것부터 실천하라는 평범하지만 강력한 진리이기도 합니다.

자연의 섭리를 떠올리면 그 의미가 더 분명해집니다. 봄에 만개하는 매화나무도 겨우 내내 보이지 않는 곳에서 준비해야 비로소 꽃을 피울 수 있습니다. 사람의 성장 역시 그렇습니다. 매일 아침 일찍 일어나 책 한 페이지를 읽거나 잠깐이라도 산책을 하고, 가까운 사람에게 따뜻한 말 한마디를 건네는 등 일상 속 작은 선택들이 모여 우리 인생을 천천히 빚어갑니다.

이 같은 이치는 동양의 전통적 수행 방식에서도 찾아볼 수 있습니다. 참선을 하는 스님은 단숨에 깨달음을 얻으려 하지 않습니다. 새벽마다 예불을 드리고, 묵묵히 청소를 하며, 하루하루 수행의 길을 걸어갑니다. 현대의 장인들도 마찬가지입니다. 사십 년간 같은 자리에서 도자기를 빚어온 박 장인은 "완벽한 도자기는 없습니다. 다만 조금씩 더 나은 작품을 만들기 위해 노력할 뿐이지요"라고 말합니다. 서예가 김수진 선생은 삼십 년째 매일 아침 '영원할 영(永)' 자를 쓰며 하루를 시작합니다. "그 한 글자를 완성하는 데는 1분도 걸리지 않지만, 그 한 글자에 삼십 년이 담겨 있다"는 그의 말에서 작은 실천의 위대함을 발견할 수 있습니다.

이러한 점진적 성장의 여정에서 우리를 지탱해 주는 것은 사랑이라는 근원적 힘입니다. "누군가에게 깊이 사랑받는 것은 힘을 주고, 누군가를 깊이 사랑하는 것은 용기를 준다"는 명언은 그 이중적 힘을 잘 보여 줍니다. 누군가에게 사랑받는 경험은 우리 안에 단단한 믿음의 뿌리를 내리게 합니다. 그것은 폭풍우 속에서도 꿋꿋이 서 있을 수 있는 내면의 버팀목이 됩니다. 반면, 사랑하는 마음은 불가능을 가능케 만드는 초월적 에너지를 선사합니다.

이 사랑이 일상의 작은 실천과 만날 때, 더욱 의미 있는 변화가 일어납니다. 사랑하는 사람을 위해 준비하는 소박한 아침 식사, 늦은 밤 집에 돌아오는 가족을 위해 켜두는 현관 등, 누군가의 고민을 들어주는 작은 친절. 이 모든 것이 사랑이라는 보이지 않는 실로 엮여 우리 삶을 따뜻하게 떠받치는 든든한 그물망을 만들어 냅니다. 실제로 어느 작은 마을에서는 독거노인을 돕기 위한 반찬 봉사가 마을 축제로 발전해 전국적 명소가 되었습니다. 작은 사랑의 실천이 공동체 전체를 변화시킨 대표적인 사례입니다.

큰 강물도 처음에는 작은 샘물에서 시작됩니다. 우리는 흔히 극적인 변화를 꿈꾸지만, 진정한 변화는 조용하고 점진적으로 찾아옵니다. 매일 천 자의 글을 쓰는 작가, 하루 한 시간씩 악기를 연습하는 음악가,

혹은 소액 저축을 꾸준히 하는 사람… 이러한 일상의 실천들이 모여 우리 삶의 지형도를 바꾸어 놓습니다. '시작은 미약할지라도 그 끝은 창대하리라'라는 옛말처럼, 작은 실천의 힘은 시간이 흐를수록 더욱 강력해집니다.

이런 작은 실천의 철학은 현대 사회가 맞닥뜨린 거대한 문제에도 적용될 수 있습니다. 환경 문제나 사회적 갈등 같은 복잡한 과제들도 결국은 각자의 자리에서 작은 배려와 실천을 더해 나갈 때 해결의 실마리를 찾게 됩니다. 한 사람의 자발적 친환경 선택이 지구를 살릴 수도 있고, 일상 속 사소한 배려가 서로를 배척하는 문화를 바꿔 놓을 수도 있습니다.

결국 노자의 지혜는 "거대한 목표 앞에서 주저 말고, 먼저 할 수 있는 작은 것부터 시작하라"는 실천적 철학입니다. 우리 모두는 때로 미래에 대한 불안과 두려움을 느낍니다. 큰 꿈을 향해 나아가는 길이 멀게만 느껴지고, 현실의 벽은 높아 보입니다. 하지만 그 순간에도 서로를 향한 따뜻한 관심과 사랑이라는 근원적 힘을 통해 더 강인해지고 용기 있게 나아갈 수 있습니다.

작은 실천이 모여 만들어 낼 변화의 기적을 믿으며, 오늘도 우리는 한 걸음씩 전진합니다. 때로는 더디게 느껴질 수 있지만, 그 꾸준한 발걸음이 우리를 놀라운 곳으로 이끌 것입니다. 서로를 격려하고 지지하면서 함께 걷는 이 여정에서 우리는 함께 성장하고 더 나은 미래를 만들어 갈 수 있습니다. 이것이 바로 노자가 말한 삶의 미학이자 인생을 풍요롭게 하는 지혜일 것입니다. 작은 씨앗은 언뜻 보잘것없어 보여도, 시간과 사랑의 힘 속에서 점차 커다란 나무로 자라나 세상을 바꿀 만한 울림을 전해 줄 것입니다. 그리고 그 나무는 결국, 지친 우리의 마음을 깊은 휴식과 안식으로 감싸 줄 것입니다.

삶을 변화시키는 7가지 지혜, 나에게도 적용될까?

일상의 작은 실천이 모여 우리의 삶을 변화시킨다면, 그 실천을 이끄는 지혜 또한 중요합니다. 오래된 사찰에 걸린 액자 하나가 있습니다. 그 속에는 이런 글귀가 적혀 있습니다.

"인생에서 가장 큰 선택은 매 순간 자신이 누구일지 정하는 일이다."

우리는 매일 수많은 갈림길에 서 있습니다. 아침에 일어나자마자 맞닥뜨리는 사소한 결정부터 인생의 방향을 바꾸는 큰 선택까지, 그 모든 순간이 마치 장인이 도자기를 빚어가듯 우리를 다듬어 갑니다. 깊은 산골 계곡의 물줄기가 바위를 만날 때마다 굽이치며 새로운 길을 찾아가는 것처럼, 우리의 삶도 비슷합니다. 동서양의 현인들은 이런 인생의 흐름에서 지혜를 발견해 왔습니다. 공자는 "미생고초(未生苦楚)로 인격이 완성된다"고 말했고, 소크라테스는 "살펴보지 않는 삶은 살 가치가 없다"고 했습니다. 현대에 이르기까지 수많은 철학자와 사상가들이 삶의 진리를 탐구해 왔습니다.

그들이 남긴 깨달음을 일곱 가지 지혜로 간추려 소개합니다. 시행착오와 깨달음을 거듭하며 우리는 조금씩 성장해 갑니다. 이 7가지가 바로 그 여정에서 우리를 인도하는 등대가 되어 줄 것입니다.

첫째, 절대 희생하지 말아야 할 3가지가 있다. 가족, 마음, 그리고 존엄성이다

가족은 우리가 삶에서 어떤 어려움을 겪더라도 버팀목이 되어 주는 존재입니다. 마음은 우리의 진정한 자아를 드러내는 중요한 부분이며, 존엄성은 어떠한 상황에서도 나 자신을 지키게 해 줍니다. 이 3가지는 우리의 존재를 지탱하는 기둥과 같습니다. 그 기둥이 무너지면, 우리는 우리 자신을 잃게 됩니다. 가족은 우리를 지탱하는 뿌리이며, 마음은 우리가 누구인지 정의해 주는 중심입니다. 존엄성은 어떤 상황에서도 나 자신을 잃지 않게 만드는 마지막 방패입니다. 이 3가지를 지키는 것이야말로 삶에서 가장 중요한 일입니다.

가족은 삶이 힘들 때도 우리를 지탱해 주는 뿌리이며, 마음은 우리의 진정한 자아를 정의하는 중심입니다. 존엄성은 어떤 상황에서도 나 자신을 잃지 않게 해 주는 최후의 방패입니다. 이 3가지는 우리의 존재를 떠받드는 기둥입니다. 그 기둥이 무너지면, 우리는 스스로를 지키기 힘들어집니다. 마치 깊은 뿌리가 있어야 큰 나무가 흔들리지 않듯, 가족·마음·존엄성이 무너지면 우리는 삶의 폭풍 앞에 속수무책이 됩니다. 세상이 아무리 가혹해도, 이 3가지를 지킨다면 다시 일어설 수 있는 힘이 생깁니다.

둘째, 존경받을 자격이 없는 사람에게도 존경을 보여야 한다

달빛은 그 빛을 받을 자격이 있는 곳만 비추지 않습니다. 모든 것을 평등하게 비추되 자신의 고유한 빛은 잃지 않습니다. 우리의 존경도 그러해야 합니다. 상대가 그것을 받을 만한 자격이 있는지를 판단하기 전에, 그것을 보이는 우리의 태도가 곧 우리의 품격이 됩니다. 깊은 계곡물이 흐리지 않듯, 타인의 행동이 우리의 품위를 흔들어서는 안 됩니다.

달빛은 빛을 받을 자격을 따지지 않고, 모든 곳을 평등하게 비춥니다. 우리의 존경도 그와 같아야 합니다. 상대가 존경받을 만한 사람인지 매번 판단하기보다는, 내가 어떤 태도를 취하느냐가 곧 내 품격을 결정하기 때문입니다. 때로 상대방이 우리의 존경을 이해하지 못하거나 무례하게 대할 수도 있습니다. 그럼에도 불구하고 내가 존경을 베푸는 건 나 자신을 성장시키기 위한 행위입니다. 남의 언행에 흔들리지 않고 내 본분을 지키는 태도는 스스로를 더 단단하게 만듭니다. 결국 상대방이 어떻게 굴든, 내가 어떤 사람인지는 내 행동에서 드러나는 법입니다.

셋째, 인생의 모든 것은 교훈을 준다

고요한 새벽이든, 혼란스러운 한낮이든, 모든 순간은 우리에게 가르침을 안겨 줍니다. 실패는 더 단단해지라는 뜻이고, 성공은 겸손을 배우라는 기회일 수 있습니다. 문제는 우리가 그것을 배울 준비가 되어 있느냐는 점입니다. 삶의 모든 경험은 학습의 기회가 될 수 있습니다. 다만, 즐거운 일에서든, 고통스러운 일에서든 우리가 무엇을 배울지 질문하는 태도가 중요합니다. 실패 없는 성공은 없고, 성공 없는 실패도 없습니다. 그것들을 성장의 재료로 삼을 때, 우리의 인생은 한층 더 성숙해집니다.

넷째, 감정에 휘둘리지 말자

하늘을 뒤덮은 먹구름도 결국은 지나가듯, 아무리

강렬한 감정도 영원하지 않습니다. 그러나 구름이 지나간 뒤 남는 빗물처럼 그 감정이 절정에 이른 순간 내린 결정은, 이후에도 우리 삶에 오랫동안 흔적을 남깁니다. 화가 났을 때나 슬픔에 빠졌을 때 혹은 기쁨에 들떴을 때 우리는 종종 큰 결정을 내리곤 합니다. 순간의 감정은 매우 강렬하고 우리를 휘어잡을 수 있지만, 그것이 모든 것을 결정하게 두어서는 안 됩니다. 그러한 순간의 감정이 가라앉은 후에도 여전히 그 결정을 지지할 수 있을지 생각해 봐야 합니다. 감정은 시간이 지나면 사라지지만 우리는 그 결과를 안고 살아야 하기 때문입니다. 감정 자체를 억누르기보다는 그 감정 속에서도 내 중심을 지키는 법을 익히는 것이 중요합니다. 잠시 멈추고 감정을 가라앉히는 과정이야말로 더 성숙한 삶의 태도입니다.

다섯째, 항상 어디로 가고 있는지를 보라

산길을 오를 때, 자꾸 뒤만 돌아보면 정상에 오를 수 없습니다. 지나온 길은 이정표일 뿐, 그곳에 머무르는 것은 성장을 멈추는 일입니다. 목표를 잃지 않고 앞을 바라볼 때, 우리는 비로소 성장의 여정을 이어갈 수 있습니다. 과거가 지금의 나를 만들었지만, 내가 앞으로 무엇을 선택하느냐에 따라 미래의 나는 또 달라집니다. 과거의 실수나 후회에 발목 잡히기보다, 지금 이 순간 할 수 있는 일을 찾고 앞으로 나아가야 하는 이유가 여기에 있습니다.

여섯째, 당신이 다른 사람의 비밀을 잘 지킨다고 해서 그들이 당신의 비밀을 지켜 줄 거라 기대하지 말라

꽃은 향기를 남기기 위해 피는 것이 아니라, 자신의 본질을 따를 뿐입니다. 우리의 신뢰도 마찬가지입니다. 상대에게 신뢰를 베푸는 것은 내 선택이고, 나의 가치를 드러내는 행위입니다. 그러나 그것이 곧 상대방으로부터 같은 신뢰를 받으리라는 보장은 없습니다. 내가 진심을 다해 믿고 친절을 보였는데, 상대방이 배신하거나 무례할 수도 있습니다. 그럼에도 내가 품위를 지키는 태도를 선택한다면, 그것은 나 자신을 위한 결정입니다. 결국 나의 인격과 가치는 내 행동에서 나타납니다. 타인이 그 신뢰를 저버릴 수는 있어도, 그것이 내가 지닌 품격까지 흔들 수는 없습니다.

일곱째, 실수를 하지 않아도 실패할 수 있다

겨울이 있어야 봄의 생명력이 빛나듯이, 실패 없는 성공은 없습니다. 그러나 때로는 최선을 다했음에도 원치 않는 결과를 맞이하기도 합니다. 그것은 우리의 부족함 때문이 아니라, 그저 인생이 그렇기 때문입니다. 실패가 강한 아픔을 주기는 하지만, 바로 그 실패가 깊은 배움과 성장을 가져옵니다. 실패는 약점이 아니며, 그것을 딛고 다시 일어설 때 우리는 한층 더 단단해집니다. 무결점이라는 목표보다, 불완전함을 받아들이고 그것을 초월하는 과정이야말로 진정한 강함을 보여 주는 길입니다.

가을 저녁 낙엽이 바스락거리는 길을 걷다가, 하

루를 돌아봅니다. 오늘도 우리는 수많은 선택 속에서 한 걸음 더 나아갔습니다. 때로는 실수하고, 때로는 흔들렸지만 그 모든 순간이 우리를 더 단단하게 만들었습니다. 문득 자신에게 묻습니다.

"이 모든 지혜가 과연 내 삶에도 통할까?"

사실, 이 지혜들은 예로부터 수많은 시행착오와 깨달음 속에서 다듬어진 것이기에, 그저 듣기 좋은 말이 아니라 삶의 진리에 가깝습니다. 삶은 결코 쉬운 길이 아닙니다. 수많은 선택과 도전, 실패와 성공이 얽힌 끝에야 비로소 우리 자신을 조금씩 알아가니까요. 하지만 이 7가지 지혜—가족·마음·존엄성을 지키기, 자격 없는 사람까지 존경하기, 모든 경험에서 배우기, 감정에 휘둘리지 않기, 늘 앞을 바라보기, 신뢰에 대한 기대를 버리기, 실패를 두려워하지 않기—는 삶의 여러 갈림길에서 방향을 제시하는 훌륭한 나침반이 되어 줄 것입니다.

그리고 이것을 진짜 내 것으로 만드는 길은, 결국 실천입니다. 단지 머릿속에서 알고 있다고 끝나는 것이 아니라, 작은 행동부터 옮겨 나갈 때 비로소 삶은 변합니다. 마치 달빛이 구름 사이로 스며들듯, 이 지혜들이 우리 삶 속에 자연스럽게 녹아들기를 바랍니다. 지금 당신이 서 있는 자리가 어디든, 그곳에서 시작하면 됩니다. 다음 장에서는 더욱 구체적인 습관과 질문들을 통해, 이 지혜를 나만의 삶에 녹여내는 방법을 살펴볼 것입니다. 지금 당장 큰 변화를 이루지 못하더라도, 한 걸음씩 전진하는 그 과정 자체가 곧 인생의 소중한 길이 될 것입니다.

★

기깔난 삶을 만드는 4가지 습관, 어디서부터 시작할까?

 이 책이 던지는 이 물음은, 결국 우리가 직접 행복을 위해 움직이지 않으면 아무도 대신해 주지 않는다는 사실을 상기시킵니다. 이미 앞서 살펴본 7가지 지혜가 삶을 바꾸는 원동력이라면, 이제 그 지혜를 행동으로 옮기는 구체적인 습관이 필요합니다.

 직장에서 만난 한 지인이 떠오릅니다. 그는 중간관리자로서 매일 과도한 업무와 상사의 압박에 시달렸고, 스트레스가 쌓여 주말이면 TV 앞에만 머무르며 하루를 보내곤 했습니다. 그런 생활이 반복되면서 그는 무기력과 좌절에 빠져들었고, 자신의 상황을 바꿀 힘조차 잃어버린 듯했습니다. 그가 모든 상황을 남 탓으로 돌리며 책임을 회피하는 모습을 보면서 나는 그가 얼마나 깊은 절망에 빠져 있는지 느낄 수 있었습니다.

인생은 가끔 우리를 막다른 골목에 내몰아 숨 막히는 일상과 끝없는 고민 속에서 지치게 만듭니다. 그럴수록 우리는 변화가 간절하지만, 어디서 어떻게 시작해야 할지 몰라 발만 동동 구르는 경우가 많습니다. 그래서 이번에는 내 행복을 내가 돌보는 가장 실천적인 방법으로 당신의 삶에 근본적 변화를 가져올 4가지 습관을 제안하려 합니다. 이 습관들은 단순하지만 강력하며, 당신의 잠재력을 깨우고 인생의 주도권을 되찾게 해 줄 핵심 열쇠가 될 것입니다.

첫째, 과도한 생각에서 행동으로

중요한 결정을 앞두고 모든 가능성을 고민하느라 결정을 미루거나 작은 실수에도 과하게 걱정하며 스스로를 몰아붙이는 상황이 있습니다. 머릿속에서만 맴도는 생각들이 얼마나 우리를 괴롭히는지 모릅니다. "내가 할 수 있을까?", "실패하면 어쩌지?", "다른 사람들이 뭐라고 할까?" 이런 생각들은 우리를 옭아매고, 앞으로 나아가지 못하게 합니다. 문제는 이러한 끝없는 고민이 실제 문제 해결로 이어지지 않고, 오히려 걱정만 키운다는 데 있습니다. 머릿속에서 아무리 완벽한 시나리오를 그려도, 행동으로 옮기지 않으면 현실은 바뀌지 않습니다. 하지만 작은 행동이라도 시작하면 상황이 달라지기 시작합니다.

취업 준비 중 자신감이 바닥나서 결국 아무것도 하지 못하던 친구가 있었습니다. 그는 모든 결정을 내리기 전, 가능성을 고민하고 또 고민하며 결국 아무것도 하지 못하는 상황에 빠졌습니다. 어느 날 그는 자신의 생각을 멈추고 작은 목표를 정해 행동하기로 했습니다. 그의 목표는 하루에 한 군데 이상 지원서를 제출하는 것이었습니다. 처음엔 무섭고 긴장됐지만, 그 작은 행동이 그를 앞으로 나아가게 했고, 결국 좋은 회사에 취업할 수 있었습니다.

중요한 것은 생각을 멈추고 첫발을 내딛는 것이었습니다. 완벽함을 기다리는 대신 작은 걸음부터 옮기면, 실패해도 최소한 경험을 얻는 법입니다. 이것이 바로 성장의 시작입니다.

둘째, 비난에서 책임감으로

우리는 종종 자신의 불행을 타인이나 환경 탓으로 돌립니다. "부모님이 이렇게 키우지 않았더라면", "회사가 이런 식으로 굴지 않았더라면" 이런 생각은 일시적으로 마음에 위안을 줄지 모릅니다. 하지만 이는 장기적으로 우리를 더욱 무기력하게 만들 뿐입니다. 삶의 주인공이 나라면, 지금 처한 상황에 대해 책임을 지는 자세를 가져야 합니다. 그래야만 문제를 바꿀 힘이 생깁니다.

물론 이는 쉽지 않습니다. 때로는 고통스럽기도 합니다. 하지만 이 과정을 통해 진정한 자아를 발견하고, 내면의 힘을 키워 나갈 수 있습니다. 책임감은 자유를 줍니다. 남 탓을 하지 않으니 더 이상 피해자가 아닙니다. 대신 "이 문제를 어떻게 해결할까?"라는 건설적 태도로 변화하게 됩니다. 바로 그때부터 인생을 스스로 설계할 수 있는 창조자로 거듭나는 길이 열립니다.

셋째, TV에서 운동과 독서로

저녁에 소파에 앉아 TV를 보는 것은 생각만 해도 참 편안합니다. 하지만 그 편안함이 성장을 방해하기도 합니다. TV 시청은 수동적인 활동이기 때문입니다. 우리는 그저 정보를 받아들이기만 할 뿐, 아무것도 창조하지 않습니다. 대신 한 시간의 TV 시청을 줄이고, 운동이나 독서에 투자해 보는 겁니다. 매일 아침 가볍게 뛰거나 산책을 하면 몸이 활력을 되찾습니다. 또한, 책을 통해 새로운 지식을 쌓고 마음의 풍요를 얻을 수 있습니다. 이런 적극적 활동이 우리의 일상을 바꾸어 놓을 수 있습니다.

저 역시 팬데믹 동안 무기력해질 대로 무기력해져, 하루 종일 TV에 빠져 지내곤 했습니다. TV를 통해 일시적인 즐거움을 느꼈지만, 시간이 지날수록 점점 공허해졌습니다.

이 상태를 벗어나기 위해 온라인으로 수업하는 아이들과 함께 '아무노래 챌린지'를 시작했습니다. 처음에는 어색하고 쑥스러웠지만, 아이들과 함께 웃고 춤추며 점차 기분이 좋아지고 에너지도 되찾았습니다. 이후 간단한 홈트레이닝과 함께 아침 독서를 시작했는데, 책 읽는 시간은 명상처럼 나의 하루를 고요하게 열어 주었습니다. TV 대신 몸을 움직이고 책을 선택한 작은 변화가 저의 삶에 큰 활력을 불어넣었습니다.

넷째, 가짜 친구에서 멘토로

"우리는 어떤 사람들과 함께 시간을 보내는가?"

이것은 삶의 질을 결정짓는 중요한 문제입니다. 주변에는 나를 끌어내리는 사람이 있을 수 있고, 반대로 나에게 영감을 주고 성장을 돕는 사람들이 있을 수도 있습니다. 가짜 친구들은 당신의 에너지를 소모시키고, 긍정적인 변화를 방해합니다. 반면에 멘토는 당신이 나아가야 할 방향을 제시하고, 당신이 놓친

가능성을 보여 줍니다. 소모적인 인간관계에 시간을 낭비하기보다는, 자신을 성장시킬 수 있는 사람들과 함께하는 것이 중요합니다.

멘토가 꼭 유명인이나 거물일 필요는 없습니다. 당신보다 한발 앞서 걸어가며 성공과 실패를 겪어 본 사람, 또는 당신이 닮고 싶은 모습을 가진 사람이면 충분합니다. 그들이 주는 조언과 행동 방식을 관찰하면서 시행착오를 줄이고 더 넓은 시각을 배울 수 있습니다. 동시에 당신 또한 누군가의 멘토가 될 수 있습니다. 나눔은 성장의 또 다른 형태입니다. 당신의 경험과 지식을 나누면서 당신 스스로도 더 성장할 수 있습니다.

빌 게이츠와 워런 버핏의 이야기는 멘토의 중요성을 잘 보여 줍니다. 처음에는 서로에 대한 관심이 크지 않았던 두 사람은 이후 깊은 멘토-멘티 관계를 맺게 되었습니다. 버핏은 게이츠에게 시간 관리와 우선순위 설정에 대해 가르쳤고, 이는 게이츠의 경영뿐만 아니라 그의 인생에도 큰 영향을 미쳤습니다. 버핏과의 멘토링을 통해 게이츠는 더 넓은 시각에서 세상을 바라보게 되었고, 이를 바탕으로 그의 사회적 활동에도 큰 변화를 일으켰습니다. 이처럼 좋은 멘토와의 만남은 단순한 스킬 전수가 아니라, 더 큰 관점을 열어 주는 계기가 됩니다.

이 4가지 습관을 통해 일상을 다듬는다면, 반드시 그에 걸맞은 행복을 돌보게 될 것입니다. 더 나은 내일을 꿈꾸며 실천을 지속할 때, 당신은 훨씬 기깔난 삶에 가까워질 수 있습니다. 그리고 바로 그 과정에서 내 행복을 돌보는 사람은 결국 나라는 사실이 얼마나 든든한 힘이 되는지를 실감하게 될 것입니다.

삶은 언제든 새롭게 시작할 수 있는 기회를 줍니다. 작은 변화라도 좋습니다. 오늘 30분 TV 시청을 줄이는 것, 퇴근 후 10분 스트레칭을 해 보는 것, 자기 전에 책 한 페이지라도 읽는 것—이런 시도가 차곡차곡 쌓여 큰 변화를 일으킵니다. 때론 더디게 느껴져도, 그 과정에서 당신은 스스로가 생각한 것보다 훨씬 강하다는 사실을 발견할 수 있을 것입니다.

변화는 때때로 고통스럽고, 포기하고 싶을 만큼 힘든 순간도 있을지 모릅니다. 하지만 당신은 혼자가 아닙니다. 수많은 사람이 비슷한 고민을 안고, 더 나은 인생을 위해 한 걸음씩 나아가고 있습니다. 한 걸음 전진했는데 다음 날 두 걸음 뒤로 물러선 것 같은 날도 있을 것입니다. 그럴 때마다 자신을 너무 몰아세우지 않길 바랍니다. 작은 변화도 변화입니다. 오늘 5분 일찍 일어났다면, 그것도 성공입니다. 책 한 페이지를 읽었다면, 그것 역시 훌륭한 시작입니다.

당신의 인생을 바꿀 열쇠는 바로 당신의 손안에 있습니다. 그리고 그 열쇠를 돌릴 힘 또한 당신 안에 있습니다. 지친 마음과 답답함을 느낀다면, 지금 이 순간이 변화의 문턱에 서 있다는 신호일 수도 있습니다. 그 문턱을 넘을 용기를 낸다면, 또 다른 길과 놀라운 기회가 펼쳐질 것입니다. 이미 당신 안에는 그 잠재력이 존재하고, 작은 습관들을 실천하며 그것을 깨우기만 하면 됩니다. 당신의 이야기가 누군가에게 희망이 되고 영감이 될 수 있습니다. 그렇게 우리는 서로에게 힘이 되어 주며 함께 성장할 수 있습니다. 행복은 바로 그런 과정에서 만날 수 있습니다.

질문의 힘, 묻지 않으면
아무것도 시작되지 않는다

　지난달 한 심리학 연구팀이 흥미로운 실험 결과를 발표했습니다. 매일 저녁 다섯 가지 핵심 질문에 답하며 일기를 쓴 그룹이 3개월 후 불안 지수가 무려 45% 감소하고, 전반적인 삶의 만족도는 38% 상승했다는 내용이었습니다. 흥미로운 점은 참가자들의 내면적 변화였습니다. "처음엔 그저 단순한 질문들이라고 생각했어요. 그런데 매일 이 질문들과 마주하다 보니, 제 삶에서 놓치고 있던 것들이 보이기 시작했죠"라는 한 참가자의 말처럼, 때로는 질문이 거창한 해답보다 더 큰 힘을 발휘합니다.

우리는 종종 거창한 해답을 찾아 헤매지만, 적절한 질문을 던지는 게 더 중요할 때가 많습니다. 매일 직면하는 선택과 결정 속에서 균형을 잡으려 할 때, 다음 5가지 질문이 꽤 큰 도움을 줄 수 있습니다.

관계의 거울: 나는 어떤 사람들과 시간을 보내고 있는가?

우리는 함께 시간을 보내는 사람들의 영향을 받으며 살아갑니다. 그들의 가치관, 습관, 에너지가 우리의 삶에 자연스럽게 스며듭니다. 최근 한 연구에 따르면, 친구들과 나누는 대화의 주제가 개인의 삶의 만족도에 큰 영향을 미친다고 합니다.

몇 해 전까지만 해도 저는 같은 업계 사람들과 주로 어울렸습니다, 만나면 자연스럽게 업계 동향이나 연봉 인상, 이직 기회 같은 이야기를 하는 게 일상이었습니다. 그러나 우연히 시작한 독서 모임에서 완전히 다른 직업을 가진 분들을 만났습니다. 프리랜서 작가, 베이커리 운영자, 학교 선생님… 처음에는 공통

점이 없어 어색했지만, 책을 매개로 나누는 대화들이 내 시야를 넓혀 주었습니다. 성공과 경쟁이 아닌 삶의 의미와 행복을 이야기하는 그들과 교류하면서, 마음 한구석이 한결 가벼워졌습니다. 지금도 그 모임을 빠지지 않는 이유가 바로 그 관계의 힘 때문입니다.

변화의 지도: 이 일은 내가 바꿀 수 있는 것일까?

불필요한 스트레스 중 상당수는 내가 통제할 수 없는 일에 대한 걱정에서 비롯됩니다. 교통체증이나 날씨, 타인의 결정, 사회적 변화 등 우리의 영향력이 미치지 않는 영역에 에너지를 쏟아봤자 현실은 나아지지 않습니다. 이 질문은 우리가 실제로 할 수 있는 일에 집중하게 해 줍니다.

저 역시 매일 아침 뉴스를 보고 사회 문제와 경기 전망에 대한 우려로 하루를 망치곤 했습니다. 그러다 정말 바꿀 수 있는 일에 집중하자고 결심했습니다. 뉴스 보는 시간을 아침 운동으로 대체했더니, 하루 시작이 훨씬 가벼워졌습니다. 내 힘이 닿지 않는 상황

대신, 바꿀 수 있는 부분에 집중할 때 삶은 훨씬 덜 불안해집니다.

행복의 나침반: 정말 행복한 하루는 어떤 모습일까?

이 질문은 우리가 진정 원하는 행복이 무엇인지 돌아보게 만듭니다. 사회적 기준이나 타인의 시선을 좇기보다, 내 마음이 원하는 것에 집중하게 합니다. 단순히 이상적인 하루를 상상하는 게 아니라, 내가 놓치고 있는 행복의 요소를 깨닫게 해 줍니다.

예전, 승진을 앞두고 있던 때 저는 야근·주말 근무를 하며 성공만 바라보고 달렸습니다. 하지만 건강 검진에서 적신호를 받은 뒤 처음으로 생각했습니다. "정말 행복한 하루가 어떤 모습일까?" 답은 뜻밖에 간단했습니다. 아침에 여유롭게 일어나 커피 한 잔을 마시고, 일과 후엔 아이들과 공원을 산책하는 것이었지요. 매일 그렇게 살 순 없겠지만, 적어도 무엇을 지향해야 하는지 알게 되었다는 점이 중요했습니다.

가치의 중심: 내 삶에서 진짜 소중한 건 뭘까?

우리는 종종 바쁜 일상 속에서 정작 중요한 것들을 놓치며 삽니다. 습관적으로 해야 할 일들을 해내느라 왜 그 일을 하는지 잊은 채 살아갑니다. 승진, 연봉, 업무 실적… 이런 것들을 쫓다 보면 정작 나에게 의미 있는 것들은 뒷전이 되기 쉽습니다. 이 질문은 우리가 진정 소중히 여기는 가치가 무엇인지, 그리고 현재의 삶이 그 가치와 얼마나 일치하는지 돌아보게 합니다.

책상 정리를 하다가 오래된 일기장을 발견했습니다. 이십 대 후반, 첫 직장 생활을 시작했을 때의 기록이었습니다. 일기장 곳곳에는 '목표 연봉', '자기 계발 계획', '커리어 로드맵' 같은 단어들이 빼곡했습니다. 그때의 저는 그런 것들이 인생의 전부라고 생각했습니다. 하지만 지금 돌아보니 가장 행복했던 순간들은 따로 있었습니다. 퇴근 후 동료들과 나눈 길고 즐거운 대화들, 주말마다 다녔던 동네 독서 모임, 취미로 시작한 바리스타 수업… 돈이나 지위와는 관계없는 이런 소소한 순간들이 제 삶을 더 풍요롭게 만들었다는 것을 이제야 알게 되었습니다.

진정성의 시험: 지금 내가 되고 싶은 사람으로 살고 있나?

이 질문은 현재의 나와 이상적 모습 사이의 간격을 확인하게 합니다. 그 간격이 너무 크다고 해서 큰 변화가 반드시 필요한 건 아니지만, 어느 정도의 조정은 필요할 수 있습니다. 작은 습관만 바꿔도 원하는 모습에 가까워질 수 있습니다.

글쓰기를 좋아했지만 '글 쓰는 사람'이라고 말하기엔 늘 자신감이 부족했습니다. 하지만 매일 조금씩 글을 쓰면서 이 질문과 마주했습니다. '지금 이 순간에도 나는 내가 되고 싶은 사람으로 살고 있는가?' 그렇게 조금씩 용기를 내다 보니, 어느새 매주 내 생각을 글로 쓰는 블로거가 되어 있었습니다.

이 5가지 질문에는 정답이 없습니다. 다만 이 질문을 던지는 행위 자체가 우리를 잠시 멈춰 서게 하고, 생각할 시간을 줍니다. 때로는 그것만으로도 충분합니다. 완벽한 답을 찾지 못해도 괜찮습니다. 질문을 통해 잠시 멈춰서 내 삶을 바라보는 그 순간, 어제와는 다른 의식이 시작됩니다.

특히 요즘처럼 불확실성이 큰 시기에, 이런 질문들은 우리에게 작은 쉼표가 되어 줍니다. 며칠 전, 독서 모임 친구에게서 "요즘 무기력하고 불안한데, 뭐라도 해야 할 것 같다. 근데 뭘 어떻게 해야 할지 모르겠다"라는 문자를 받았습니다. 저는 이 5가지 질문을 보냈고, 다음 날 답장이 왔습니다.

"어제 보내 준 질문들에 답을 쓰다 보니까 울컥하더라. 그동안 내가 얼마나 자신을 몰아붙이기만 했는지 알게 됐어. 고마워."

우리 모두는 때때로 길을 잃습니다. 꿈꾸던 미래가 흔들리고, 현재의 선택이 불안해질 때도 있습니다. 그때마다 이 5가지 질문들은 우리를 다시 제자리로, 바로 '지금 이 순간'으로 데려다줍니다. 과거의 후회나 미래의 불안에 붙잡혀 있던 마음이 조금씩 현재로 돌아오게 됩니다. 매일 저녁, 하루를 정리하며 이 질문들과 마주하다 보면 놀라운 변화가 서서히 찾아올 것입니다. 어제의 실수나 내일의 걱정에서 벗어나 '지금의 나'를 인식하게 되고, 그로 인해 더 나은 선택을 할 수 있게 됩니다. 바로 이 점이 질문의 마법이라 할 수 있습니다.

이제 한 걸음 더 나아갈 준비가 되었다면, 그 발걸음은 반드시 삶을 새롭게 이어줄 것입니다. "내가 누구인지, 어디를 향해 가는지, 진짜로 어떤 삶을 원하는지" 이런 질문을 통해 깨어난 의식으로 현재를 바라볼 때, 우리의 일상은 한층 더 의미 있어집니다. 우리가 숨 쉬고 생각하고 느끼는 모든 순간이 퍼즐 조각처럼 소중한 삶의 한 부분임을 깨닫게 될 것입니다.

★

지금 이 순간도 내 삶의 한 조각, 어떻게 맞춰갈 것인가?

로마의 황제 마르쿠스 아우렐리우스는 매일 밤 자신에게 이렇게 말했다고 합니다.

"오늘 안 좋은 일이 있었다고 투덜대지 말자. 그런 일도 있었지만, 나는 여전히 괜찮다."

전쟁과 질병, 반란의 위협에 시달리던 제국의 최고 권력자조차, 하루하루를 견뎌내며 스스로를 다독였습니다. 이천 년이 지난 지금도 이 담담한 기록은 우리에게 큰 위로를 줍니다.

요즘 우리의 일상을 돌아보면, 걱정거리들이 줄을 잇습니다. 코로나가 남긴 상처가 아물기도 전에 물가는 치솟고, 부동산은 출렁이며, AI가 일자리를 위협한다는 소식도 넘쳐납니다. 특히 마흔 전후를 살아가는 세대는 부모님 건강을 챙기고 아이들 교육비를 고민하며, 내 노후 준비까지 머릿속에 얽혀 있습니다. 회사에서는 '위아래로 낀 세대'라는 표현이 딱 들어맞고, 완벽하게 해내야 한다는 압박만 커지니 마음은 무거워질 수밖에 없습니다.

이런 무거운 현실을 마주한 우리에게 니체의 아모르 파티(Amor Fati)가 하나의 길을 보여 줍니다. 직역하면 "운명을 사랑하라"는 뜻이고, 쉽게 말해 "지금 이 순간을 있는 그대로 받아들이고 사랑하자"는 것입니다. 단순히 '그냥 체념해라'가 아니라, 기쁜 일이든 힘든 일이든 모두 나를 만드는 소중한 경험으로 삼으라는 의미에 가깝습니다.

하지만 보통 우리는 어떨까요? 안정적인 직장, 건강한 몸, 평화로운 가정만 원하고 그 반대 상황은 피하려고 듭니다. 문제는 인생이 내 뜻대로만 흘러가진 않는다는 데 있습니다. 원치 않는 일도 예고 없이 찾아오고, 그것을 억지로 피하려다 보면 더 큰 스트레스에 휩싸이기도 합니다. 마치 작은 파도를 피하려다 더 큰 파도에 휩쓸리는 것처럼 말입니다.

옛 스토아 철학자들은 이렇게 조언했습니다.

"내가 할 수 있는 일과 없는 일을 구분하자. 어쩔 수 없는 일이라면, 마음을 편히 가져라."

니체는 여기에 한 걸음 더 나아갔습니다. 단순한 수동적 수용이 아니라, 그 모든 상황조차 사랑하라고 했습니다. 좋은 일뿐 아니라 힘든 상황까지도 지금의 나를 만든 고마운 경험이라 여길 수 있다면, 우리 삶의 무게는 조금 덜어질 거라는 것입니다.

이런 발상은 현대의 우리 삶에도 꽤나 도움이 됩니다. 예컨대, 예상치 못한 구조조정이 닥쳤다면 그것이 오히려 새로운 출발의 기회가 될 수 있습니다. 건강에 적신호가 왔다면, 미뤄 둔 내 몸과 마음을 돌아보라는 신호일 수 있습니다. 가족이나 동료와 갈등이 생겼다면, 서로를 더 깊이 이해할 계기가 될 수도 있습니다. 힘든 상황을 무조건 좋게 보라는 이야기가 아니라, 그 어려움을 외면하지 않고 마주하다 보면 의외의 뜻밖의 선물을 발견하게 된다는 뜻입니다.

저 역시, 중소기업에서 나름 안정적으로 일하다가 돌연 퇴사해 아이들을 가르치는 일을 시작했습니다.

주위에선 "미쳤다"는 반응이 많았고, 실제로 첫 일 년은 상당히 힘들었습니다. 코로나 시기에는 문을 닫을까도 수없이 고민했습니다. 그런데 지나고 보니, 그 힘들던 시간이야말로 내가 가장 많이 배우고 성장한 때였습니다. 온라인 수업으로 전환하는 과정이 위기처럼 보였지만, 오히려 더 많은 학생을 만나고 새로운 티칭법을 배우며 비즈니스가 뭔지 몸으로 알게 됐습니다. 돈 걱정이 심해질수록 정말 중요한 우선순위를 다시 점검하게 되었습니다. 이렇게 돌아보니 우리가 겪는 모든 일에는 다 이유가 있는 것 같습니다.

요즘 저는 이렇게 지냅니다. 아침에 일어나 15분가량 조용히 앉아 숨만 쉽니다. 오늘 어떠한 일이 벌어져도 받아들일 준비를 하려는 의식적인 시간입니다. 저녁에는 그날 있었던 일을 간단히 메모합니다. 특히 힘들었던 일이 있다면 거기서 뭘 배웠는지를 한 문장이라도 적습니다. 처음엔 별 효과가 느껴지지 않았지만, 이런 습관들이 쌓이고 나니 세상을 바라보는 눈이 조금은 달라졌습니다. 불확실한 상황이 예전만큼 두렵지 않고, 새 가능성이 어디에 숨어 있을지 궁금해집니다.

주말에는 1시간 정도 지난 한 주를 되돌아봅니다. 낯설고 번거롭게 느껴졌지만, 천천히 기억을 돌아보면서 그때 놓쳤던 의미들이 선명하게 드러납니다. 버겁던 일이 사실은 더 나은 방향으로 나를 이끈 계기였다는 걸 깨닫게 되거나 그저 힘들다고만 생각했던 사건 속에 소소한 성취가 있었다는 걸 발견하기도 합니다.

마르쿠스 아우렐리우스는 이런 말도 남겼습니다.
"아침에 눈 뜨면 이렇게 생각하자. 오늘도 짜증 나고 불친절한 사람들을 만나겠지. 그들의 그런 행동은 좋고 나쁨을 몰라서일 뿐이다."
결국 세상이나 사람을 통제하려고 애쓰지 말고, 그들을 있는 그대로 받아들이는 마음이 필요하다는 의미일 것입니다.

우리 인생에는 순풍도 있고 역풍도 있으며, 때론 폭풍우가 들이닥치기도 합니다. 지금 당신이 힘든 시기를 보내고 있다면, 아마도 인생이라는 바다 항해에서 거친 날씨를 만난 것일 것입니다. 그 바다는 누구에게나 가차없습니다. 저도 그랬고, 옛 로마의 황제도 그랬습니다. 그러나 이 또한 지나간다는 사실을 기억하면, 폭풍 속에서도 조금은 버틸 힘이 생깁니다. 폭풍우를 견딘 나무가 더 깊은 뿌리를 내리는 것처럼, 그 시간을 겪고 나면 우리는 이전보다 더 단단해져 있을 것입니다.

어쩌면 진정한 자유와 평화는 완벽한 조건이 아니라, 불완전함과 역경 속에서도 내 중심을 지키고 현재를 사랑하는 태도에서 나오는지도 모르겠습니다. 좋은 날도 힘든 날도 모두 내 인생의 소중한 조각이니까요. 지금 이 순간이 비록 힘겨워도, 언젠가 돌아보면 그 조각이 나만의 독특한 인생 그림을 완성하는 데 꼭 필요한 부분이었다는 걸 알게 될 것입니다.

성찰 질문 & 실천 미션

성찰 질문

1. "오늘 당신이 시도한 가장 작은 변화는 무엇이었나요?"

- 습관 하나, 말투 하나처럼 아주 사소한 시도라도 괜찮습니다.
- 그 시도가 어떤 결과나 기분 변화를 가져왔는지, 스스로에게 물어보세요.
- 작은 변화가 주는 '작은 성취감'을 느껴 봄으로써 다음 변화를 위한 동력을 얻게 됩니다.

2. "당신의 일상에서 가장 의미 있는 작은 습관은 무엇인가요?"

- 매일 10분 독서, 아침 스트레칭, 가족에게 "고마워" 한 마디 하기 등 이미 하고 있는 사소한 습관을 떠올려 보세요.
- 왜 그것이 당신에게 의미가 있는지, 그리고 그것이 삶에 어떤 긍정적 영향을 주는지 구체적으로 적어 봅니다.

3. "오늘 하루 동안 가장 큰 저항을 느낀 순간은 언제였나요?"

- 일이 잘 안 풀렸을 때, 무기력이나 불안이 몰려왔을 때 혹은 '변화'가 귀찮게 느껴졌을 수도 있습니다.
- 그 저항을 어떻게 다루었는지(혹은 다루지 못했는지)를 회고해 보

면서, 내일은 조금 다른 방식으로 대응할 방법을 떠올려 봅니다.

실천 미션: 일상의 미학 만들기

오늘 하루 동안 아래의 미션을 시도해 보세요.

☐ 아침: 하루를 시작하며 한 가지 작은 실천 약속하기
- 예: 오늘은 TV 대신 10분 걷기, 퇴근 후 책 5쪽 읽기 등.
- 오전이 끝나기 전까지 반드시 한 번은 실천할 수 있도록 의식적으로 일정을 잡아 보세요.

☐ 오전: 생각보다 행동에 집중하기
- 고민만 하다 시간을 보내지 말고, 우선 작은 행동부터 옮겨 보는 연습을 해 봅니다.
- 예: 자녀에게 짧은 문자 보내기, 직장 동료에게 필요한 걸 먼저 제안해 보기 등

☐ 점심: 식사를 통해 '지금 이 순간'에 머무는 연습하기
- 밥 한 끼를 먹으면서 휴대폰을 잠시 치우고, 음식을 천천히 음미해 보세요.
- 음식을 씹는 감각과 주변 소리를 느끼며, 오롯이 현재에 집중합니다.

☐ 오후: 한 가지 일에만 온전히 집중해 보기
- 멀티태스킹을 잠시 멈추고, 해야 할 일 중 하나를 선택해 20~30

분 만이라도 전념해 보세요.
- 방해 요소(알림, SNS 등)를 줄이고, 단일 업무에 몰입하는 경험이 주는 차이를 관찰합니다.

□ 저녁: 오늘 실천한 작은 변화들을 기록하기
- 아침에 정했던 '한 가지 작은 실천', 그 외에 뜻밖에 시도한 변화들을 간단히 메모합니다.
- 무엇을 느꼈는지, 내일 또 이어갈 수 있는지 생각해 보세요.

7장의 핵심 깨달음: 모든 위대한 변화는 작은 실천에서 시작됩니다

- 완벽을 추구하지 말고 작은 시도부터 시작하세요.
- 매일의 작은 실천이 삶을 바꾸는 힘이 됩니다.
- 현재의 순간에 충실한 것이 가장 큰 변화의 시작입니다.

마흔 이후, 우리의 삶은 더 복잡해 보이지만, 사실 작은 행동 하나에서부터 다시 정비될 수 있습니다. 이 질문과 미션을 통해 매일 일상을 조금씩 다듬고, 그 과정에서 내 행복을 내가 돌보는 실질적 방법을 발견해 보시길 바랍니다.

우리는 지금까지 일상의 미학에서 시작하여, 변치 않는 지혜와 습관의 힘을 살펴보았고, 깊이 있는 질문들을 통해 삶을 돌아보았습니다. 그리고 마지막으로 모든 순간을 있는 그대로 받아들이고 사랑하는 법을 배웠습니다. 이 모든 과정은 결국 하나로 이어집니다. 우리의 일상이 예술이 되고, 작은 습관들이 큰 변화를 만들어 내며, 던지는 질문들이 새로운 통찰을 가져오고, 마침내 모든 순간이 우리 삶의 소중한 조각이 됩니다.

완벽한 삶이란 없습니다. 하지만 그 불완전함 속에서도 우리는 나날이 성장하고 있습니다. 때로는 앞으로, 때로는 옆으로, 때로는 뒤로 가는 것 같아도, 그 모든 발걸음이 우리만의 특별한 여정을 만들어 갑니다. 중요한 것은 그 여정 자체를 온전히 받아들이고 사랑하는 것입니다.

제8장

마흔, 깊이를 더하다

마흔을 지나며 전하는 삶의 지혜

얼마 전 쉰 번째 생일을 맞이하며 문득 지나온 시간을 돌아보게 되었습니다. 사십 대를 시작하던 때의 불안과 설렘, 그리고 지난 십 년간의 깨달음들이 마음 한편에서 물결처럼 밀려옵니다. 삼십 대 후반을 보내던 때, 선배들의 조언을 그리 귀담아듣지 않았던 저였지만, 이제 와서 보면 그 말씀이 얼마나 깊은 의미를 담고 있었는지 깨닫습니다. 이제는 제가 누군가에겐 선배이자 후배로, 때론 스승이자 제자로 살아가며 체득한 삶의 진리들을 짧게나마 나누고 싶습니다.

> "모든 것은 결국 괜찮아질 것이다. 아직 괜찮지 않다면, 그것은 아직 끝이 아니다."

인생이 참 힘들고 끝이 보이지 않을 때, 우리는 마치 긴 터널 속에 갇힌 기분을 느끼게 됩니다. 하지만 뒤돌아보면, 그 절망의 시간조차 지나고 나면 우리를 더 단단하게 만들어 주곤 했습니다. 결국, 모든 상황이 언젠가는 괜찮아진다는 믿음이 있다면, 고난 속에서도 희망을 놓지 않을 수 있습니다. 이는 막연한 위로가 아니라, 무수한 인생 선배들이 증명해 온 진리이기도 합니다.

> "나 자신에게 주는 존중만큼 타인도 나를 존중한다."

타인에게서 존중을 받고 싶다면, 먼저 나 자신을 존중하는 태도가 필요합니다. 스스로를 함부로 대하거나 자신의 가치를 잊고 지내면, 주변 사람들 역시 그만큼 소홀히 대할 가능성이 큽니다. 자기 존중은 일상의 작은 습관에서 시작됩니다. 내 시간과 원칙을 지키고, 필요할 땐 거절할 줄 아는 용기를 갖는 것은 자신을 귀하게 여기는 태도입니다. 이렇게 자신을 아낄 때, 타인도 그만큼의 대우를 해 줄 가능성이 큽니다.

"실패로 가는 가장 빠른 길은 모두를 만족시키려 하는 것이다."

모두를 기쁘게 하고자 하는 마음은 좋은 의도일 수 있지만, 이를 위해 내 자신을 희생하거나 기준을 잃어버린다면 결국 나 자신을 소모하게 됩니다. 회사에서든 가정에서든, 모든 이의 기대를 충족시키려다 보면 나에게 정말 중요한 가치를 놓치기 쉽습니다. 모든 사람을 만족시키기란 불가능합니다. 내게 소중한 사람들과 가치에 집중하는 것이 훨씬 의미 있고, 결국 진정한 행복으로 이어지는 길입니다. 100명의 얕은 인정보다 1명의 깊은 신뢰가 더 가치 있다는 것을 기억해야 합니다.

"믿음은 주어지는 것이 아니라 얻는 것이다."

인생에서 믿음은 귀중한 자산입니다. 하지만 이것을 함부로 남에게 내어주는 것은 위험합니다. 사람에 대한 신뢰는 신중히 쌓아가는 것이 중요합니다. 상대방의 말과 행동을 통해 천천히 믿음을 쌓아야, 진정한 의미에서 안전하고 깊이 있는 관계가 만들어집니다. 특히 비즈니스나 중요한 인생의 결정에서는 더욱 그렇습니다. 첫인상이 좋다고 해서 무턱대고 믿음을 내주거나 잠깐 즐거웠다고 전부 마음을 열어버리면 위험할 수 있습니다. 신뢰는 시간이라는 검증대를 통과해야 합니다.

> "정말 불행하다는 것을 깨닫기까지는 오랜 시간이 걸리며, 행복해질 수 있음을 깨닫기까지는 더 오랜 시간이 걸린다."

불행의 늪에 빠지면, 그것이 영원할 것처럼 느껴집니다. 짙은 안개 속에 갇힌 것처럼, 앞이 보이지 않고 출구도 없어 보입니다. 하지만 내 삶을 돌아보고, 행복으로 나아갈 수 있는 선택을 찾기 시작하면 상황은 달라집니다. 불행을 인정하는 순간이 첫 발걸음이 될 수 있습니다. 필요하다면 전문가나 믿을 만한 사람들과 대화를 나누는 것도 방법입니다. 어쩌면 그 시작점 덕분에 우리는 점차 행복해질 수 있다는 가능성을 발견하게 됩니다.

"현명한 사람은 비판자에게서 더 많은 것을 배우고, 어리석은 사람은 동조자에게서도 배우지 못한다."

내 관점과 다른 사람, 심지어 날카로운 비판을 하는 상대에게서 더 큰 배움을 얻는 경우가 많습니다. 그들이 지적하는 불편한 진실이야말로 내가 놓친 중요한 부분일 수 있기 때문입니다. 반면, 나와 비슷한 생각을 가진 사람들과만 어울리거나 칭찬만 듣는 환경에 머무르면 성장은 더딜 수밖에 없습니다. 불편함을 피하려고만 하면 성장의 기회를 놓치게 됩니다. 때로는 따끔한 비판을 통해 생각의 틀을 깨고 한층 더 넓은 시야를 갖게 되는 법입니다.

"인생은 실수할 기회를 많이 주며, 이는 성공

> "할 기회 또한 많다는 뜻이다."

실수나 실패는 누구나 겪는 자연스러운 일입니다. 문제는 그것을 두려워해 아무 시도도 하지 않는 것입니다. 실패를 겪으며 배우고, 다시 도전하며 조금씩 성장한다면, 그 과정 자체가 이미 성공과 가까워지는 길입니다. 완벽주의에 사로잡혀 시도조차 못 하는 것이야말로 가장 큰 실패가 될 수 있습니다.

> "'할 수 없다'라고 말하는 사람들은 대부분 당신이 할까 봐 두려워한다."

주변의 부정적 말에 흔들릴 필요가 없습니다. 사람들은 종종 자신이 못 해 본 것을 당신이 이뤄낼까 봐 불안해하며 불가능하다고 하곤 합니다. 그러나 역사를 바꿔 온 혁신들은 늘 불가능하다는 소리를 듣다가도 결국 누군가가 해냈던 사례입니다. 새로운 시도에 대한 반대나 조롱은 흔한 일이니, 그 속에서 흔들리지 말고 스스로를 믿고 걸어가는 것이 중요합니다.

> "자신을 너무 쉽게 타인에게 내주지 말라."

타인을 위해 자신을 지나치게 희생하거나 무리하게 맞추려는 태도는 결국 나를 소모하게 만듭니다. 오히려 자신을 아끼고 존중하는 모습을 보여 주는 것이 관계에도 건강한 영향을 미칩니다. 자신의 경계를 분명히 하되, 그 안에서 진정성 있는 소통을 해 나가는 것이 중요합니다.

이제 오십 대를 시작하며 돌아보니, 사십 대는 이러한 진리들을 온몸으로 체득하는 시간이었습니다. 크고 작은 시행착오를 거듭하면서 나 자신과 더 깊이 화해하고, 타인과도 더 진실된 관계를 맺을 수 있게 되었습니다. 지금 사십 대를 살아가는 이들에게, 또는 곧 사십 대를 맞이할 이들에게 말하고 싶습니다. 당신이 겪는 고민과 불안, 그리고 시행착오는 결코 헛되지 않을 것이라고. 그 모든 순간이 당신을 더 지혜롭고 단단한 사람으로 만들어 줄 것이라고. 그리고 언젠가 당신도 이 글을 읽는 후배들에게 당신만의 깊이 있는 조언을 전하게 될 것이라고.

그리고 이러한 깨달음들 중에서도, 우리가 가장 먼저 마주하고 받아들여야 할 것은 바로 '시간'과의 관계일 것입니다. 시간은 우리에게 가장 공평하면서도 가장 무거운 숙제를 안겨 줍니다. 마흔에 접어들면 누구나 이 시간이라는 숙제와 마주하게 됩니다. 어떤 이는 그것을 두려워하고, 어떤 이는 그것과 싸우려 하지만, 결국 우리는 모두 시간과 함께 춤추는 법을 배워야 합니다.

시간과 마주하기,
또 한 번 용기를 내야 할 때

 시간이라는 숙제 앞에서 우리는 저마다 다른 선택을 내립니다. 얼마 전 만난 대학 동기 미선이의 이야기가 특히 기억에 남습니다. 십오 년간 다니던 회사를 그만두고 카페를 연 그녀는 이렇게 말했습니다.

 "처음엔 다들 미쳤다고 하더라. 안정적인 과장 자리를 던지고 뭘 하냐고. 그런데 말이야, 서른에 창업했다면 훨씬 무모했을 거야. 지금이니까 비로소 용기를 낼 수 있었던 것 같아. 매일 아침 로스팅하는 원두 향 맡으면서 '이게 진짜 내가 찾던 시간이구나…' 싶거든."

 그녀의 눈빛에는 이전과 달리 단단한 확신이 묻어

났습니다. 어쩌면 우리는 한창 젊을 때보다, 어느 정도 경험과 연륜이 쌓였을 때 더 깊은 용기를 낼 수 있는지도 모릅니다.

흥미롭게도 중년기가 가장 현재 지향적인 시기라는 심리학 연구 결과가 있습니다. 젊을 때는 미래를 향해 달리고, 나이 들면 과거를 돌아보는 경향이 강해지지만, 이 중간 단계에 속한 사십~오십 전후는 지금 이 순간을 더 깊이 들여다보게 되는 때입니다. 이는 단순한 나이 듦이 아니라, 그동안의 시행착오가 빚어낸 지혜의 결과입니다.

시간에 대한 태도는 곧 우리의 삶을 대하는 태도를 반영합니다. 고대 그리스 철학자들은 시간을 두 가지로 구분했는데, 이는 시계로 잴 수 있는 크로노스(Chronos)와 의미 있는 순간의 시간 카이로스(Kairos)입니다. 현대를 살아가는 중년의 과제는 크로노스의 속도와 압박에 휩쓸리지 않으면서, 카이로스의 순간—즉, 삶의 진짜 의미가 깃든 순간—을 놓치지 않는 지혜를 배우는 것입니다.

그러나 실제 현실은 녹록지 않습니다. 출근 전 아이들 등교를 돕고, 퇴근 후엔 노부모 병원에 들러야 하며, 주말이면 밀린 집안일과 아이들 학원 스케줄까지 챙겨야 합니다. 스마트폰 알림음에 하루가 쪼개져 가고, 자신을 위한 온전한 시간은 보이지 않습니다. 문득 '이런 생활이 과연 옳은가' 의문이 들어도, 워낙 해야 할 일들이 많으니 또다시 흐지부지 넘어가기 일쑤입니다.

얼마 전 만난 한 베테랑 제빵사는 "좋은 빵은 기다림의 미학에서 나온다"고 했습니다. 밀가루 반죽을 충분히 숙성하고, 오븐에서도 서두르지 않고 적절한 시간을 둬야 최상의 풍미가 생긴다는 것입니다. 삶도 마찬가지입니다. 때로는 조급해하지 않고 차분히 기다리는 시간이, 더 나은 결과를 만드는 지름길이 될 수 있습니다.

헤라클레이토스는 "같은 강물에 두 번 발을 담글 수 없다"고 했습니다. 모든 것이 끊임없이 변하고 흘러가기 때문에 매 순간은 되돌릴 수 없는 유일한 경험입니다. 그럼에도 과거나 미래 걱정에 빠져 정작 '지금'을 놓치곤 합니다. 매일 아침 30분 일찍 일어나 조용히 커피를 마시는 시간을 갖게 된 이유도 이 때문입니다. 그 시간만큼은 온전히 내 것이고, 하루를 시작하기 전에 잠시라도 나를 돌아볼 수 있습니다. 단지 30분이지만, 하루를 버틸 수 있는 소중한 순간입니다.

시간을 돈처럼 저축할 수는 없지만, 현명하게 쓸 수는 있습니다. "젊을 땐 시간을 돈으로 바꾸려 했는데, 이제는 돈을 시간으로 바꾸고 싶다"라고 말했던 은퇴를 앞둔 선배의 말씀이 떠오릅니다. 나이가 들수록 시간이야말로 어떤 것과도 맞바꿀 수 없는 가치임을 알게 됩니다. 저축할 수는 없지만, 현명하게 쓸 수는 있는 자원이 바로 시간입니다.

물론 완벽한 시간 관리자가 될 필요는 없습니다. 그저 내게 정말 중요한 것이 무엇인지 분명히 알고, 거기에 내 시간을 투자하면 됩니다. 가족과 함께하는 저녁 식사, 오랜 친구와의 차 한잔, 좋아하는 책을 읽는 짧은 여유. 이런 작은 순간들이 곧 우리의 삶을 풍요롭게 만듭니다.

시간은 이제 더욱 특별한 의미로 다가옵니다. 치열했던 젊은 시절을 지나 이제야 조금 여유가 생겼다고 생각했는데, 문득 부모님의 머리가 하얗게 새었음을 발견하고, 아이들은 어느새 우리 어깨까지 자라 있습니다. 직장에서는 이제 막 자리를 잡았다 싶은데 벌써 퇴직을 걱정해야 할 때가 됐다는 생각에 마음이 무거워지기도 합니다.

이미 늦었다고 단정 짓긴 이릅니다. 오히려 이 시기가 우리 인생의 가장 빛나는 순간이 될 수 있습니다. 시간 부족에 대한 조급함, 놓치는 기회에 대한 아쉬움, 늦었다는 자책감 같은 마음의 부담은 여전하지만, 그런 가운데서도 내 속도와 리듬을 잃지 않는 것이 중요합니다. 하루 24시간 중 단 30분이라도 온전히 나를 위해 투자하는 것, 지금 이 순간을 내 것으로 만드는 작은 실천이야말로 삶을 조금씩 바꿔 나가는 시발점이 됩니다.

노자는 "최상의 삶은 물과 같다"고 했습니다. 물은 서두르지 않으면서도 끊임없이 흐르고, 낮은 곳으로 흐르면서도 결국 바다에 도달합니다. 우리 또한 남들의 속도에 휘둘리지 않고, 자신만의 리듬으로 천천히, 하지만 분명한 방향을 향해 나아가면 됩니다. 늦었다고 생각하는 바로 그때가, 새로운 시작을 위한 완벽한 순간일지도 모릅니다. 시간은 결코 적이 아니라, 순간순간을 의미 있게 살아갈 수 있게 해 주는 동반자입니다.

나답게 살아가기,
결국 어떤 모습이 진짜 '나'일까?

시간과 마주하는 과정에서 우리가 깨닫게 되는 가장 큰 지혜 중 하나는 비교하지 않는 삶일지도 모릅니다. 옛이야기 속에서, 어느 젊은이가 공자를 찾아와 이렇게 질문을 했다고 합니다.

"어떻게 하면 마음이 편안해질 수 있을까요?"

공자는 의외로 아주 간단한 답을 했습니다.

"남과 자신을 비교하지 않으면 마음이 편안해진다."

이천오백 년이 지난 지금, 이 단순한 조언이 더욱 와닿는 이유는 무엇일까요?

단체 채팅방이나 동창 모임에 가 보면, 늘 이런 얘기들이 오갑니다.

"누구는 아파트를 또 샀대."

"누구네 아들은 명문대 합격했다더라."

"누구는 조기 퇴직하고 건물주가 됐다더라."

이런 소식들을 접할 때마다, 우리도 모르는 사이 불안이 쌓입니다. 마치 인생이라는 달리기 시합에서 나만 뒤처지고 있는 듯한 초조함이 밀려옵니다.

특히 인생의 중반부가 되면, 이런 비교가 더욱 마음을 무겁게 만듭니다. 젊을 때는 아직 기회가 많다고 생각했지만, 이제는 각자의 인생이 어느 정도 윤곽이 드러난 것 같은데, 그 결과가 남들보다 못하다고 느껴질 때면 그 허탈함이 더욱 크게 다가옵니다. 성취에 대한 압박, 시간에 쫓기는 조급함, 선택에 대한 후회까지 마음 한편에는 '나는 이만큼밖에 못했나' 하는 자책이 뒤따르니 말입니다.

로마의 철학자 마르쿠스 아우렐리우스도 이런 말을 남겼습니다.

"남들이 뭐라고 하는지, 뭘 하는지, 뭘 생각하는지 신경 쓰지 않는 사람은 얼마나 많은 시간을 얻는가!"

이 말을 현대 사회에 대입해 보면, SNS나 주변의 성공담에 신경 쓰느라 허비한 시간, 에너지를 돌이켜 볼 필요가 있습니다. 그 시간으로 내 삶에 더 집중할 수 있었다면, 얼마나 많은 즐거운 순간을 누릴 수 있었을까요?

가장 큰 문제는 내가 정말 원하는 게 무엇인지 생각해 볼 겨를도 없다는 점입니다. 더 큰 집을 사고 싶은 걸까, 아니면 가족과 보낼 수 있는 더 많은 시간이 필요한 걸까? 더 높은 자리에 올라가고 싶은 걸까, 아니면 하고 싶은 일을 하면서 사는 게 더 행복할까? 남들과 비교하느라 이런 중요한 질문을 건너뛰기 십상입니다.

인생에서 정말 소중한 것들은 대부분 비교가 불가능합니다. 가족과 함께하는 저녁 식사의 기쁨, 오랜 친구와 나누는 속 깊은 대화, 좋아하는 일에 푹 빠져 있을 때의 즐거움. 이런 것들은 돈이나 지위로 따질 수 없는, 그래서 비교할 수 없는 우리 삶의 보물 같은 순간들입니다.

사십 대는 이러한 생각을 하기에 더없이 좋은 시기입니다. 젊은 시절처럼 남들과 앞다투며 정신없이 달리지 않아도 되고, 나름대로 살아보니 무엇이 중요한지 이제 좀 알 것도 같습니다. 동시에 새로운 선택을 하기에도 아직 충분한 시간이 남아 있습니다.

실제로 남과 비교하지 않는 삶을 사는 사람들의 모습은 생각보다 가까운 곳에서 볼 수 있습니다. 이십 년 다니던 대기업을 그만두고 작은 서점을 연 친구는 "처음엔 다들 미쳤다고 했어. 하지만 책에 둘러싸여 사는 게 내 오랜 꿈이었거든"이라고 말했습니다. 이제 그의 서점은 동네에서 작지만 튼튼한 문화 공간이 되었습니다. 승진을 포기하고 주 4일 근무를 선택한 동료는 남은 시간에 어르신들을 위한 봉사를 합니다. "돈을 덜 벌게 됐지만, 이렇게 사는 게 내 모습 같아"라며 웃습니다.

비교의식에서 벗어나면 우리 삶에는 놀라운 변화가 찾아옵니다. 먼저, 아침에 눈을 뜨는 기분부터 달라집니다. 더 이상 남들과 경쟁하는 하루가 아니라, 내가 선택한 하루가 열리는 느낌입니다. 직장에서도 동료의 성과를 의식하느라 쓰던 에너지를 내가 맡은 일에 온전히 몰입해 쓰다 보면, 일의 즐거움을 발견하게 됩니다. 가족과 보내는 시간도 달라집니다. 자녀의 성적이나 스펙을 남과 비교하는 대신, 아이가 가진 고유한 재능과 관심사가 새롭게 보이기 시작합니다.

무엇보다도 관계가 훨씬 깊어집니다. 남들의 모습에 휘둘리지 않고, 진짜 내 모습으로 사람들을 대하다 보면, 수는 적어도 훨씬 단단한 관계가 생깁니다. 나이가 들수록 친구가 줄어든다고 하지만, 오히려 비교와 경쟁에서 벗어난 마음으로 만나는 자유로운 마흔 이후의 우정이야말로 더욱 소중해집니다. 이렇게 우리는 남과 비교하지 않는 삶을 통해, 역설적으로 더 풍성한 관계를 만들어 갈 수 있습니다.

우리는 모두 각자의 속도로, 각자의 방향을 따라 걸어갑니다. 누군가는 빠른 걸음을 택하고, 누군가는 천천히 걷습니다. 때로는 멈춰 서서 주변을 둘러보기도 하고, 때로는 방향을 바꾸기도 합니다. 그 모든 걸음은 옳습니다. 그 모든 선택이 그 사람의 인생에서는 의미가 있습니다.

공자가 말한 "남과 자신을 비교하지 않으면 마음이 편안해진다"는 조언이 이토록 단순하면서도 어려운 이유가 바로 여기에 있습니다. 사회는 우리를 끊임없이 비교하고 순위를 매기려 하지만, 사실 삶의 많은 부분은 비교조차 되지 않는 고유한 영역입니다.

오늘, 잠시 멈춰 서서 자신에게 물어보면 어떨까요?

"내가 정말 원하는 건 뭘까?"

그리고 이렇게 나지막이 속삭여 보는 겁니다.

"다른 이들의 삶이 어떻든, 지금 이 순간 최선을 다해 살아가는 내 모습도 충분히 멋지다."

이것이야말로 '나답게 살아가기'의 출발점일지 모릅니다.

★

독서로 깊어지기,
책이 주는 새로운 가능성

 나답게 살아가기 위해서는 끊임없이 자신을 돌아보고 성찰하는 시간이 필요합니다. 그리고 그 과정에서 가장 든든한 동반자가 되어 줄 수 있는 것이 바로 책입니다. 옛날 그리스의 철학자 제논은 폭풍우로 전 재산을 잃고 인생의 갈림길에 서 있었습니다. 앞으로 어떻게 살아야 할지 답을 찾기 위해 신전을 찾은 그에게 신탁은 뜻밖의 말을 전했습니다.

 "좋은 삶을 살고 싶다면 죽은 자들과 이야기를 나누어라."

 처음에는 그 의미를 몰랐지만, 곧 옛 현인들의 지혜

가 담긴 책과 대화하라는 뜻임을 깨달았습니다. 이 오래된 이야기가 더욱 와닿는 이유는, 지금 우리도 비슷한 혼란을 겪고 있기 때문입니다.

특히 마흔이라는 시기에는 이런 이야기가 더 절실합니다. 새로운 꿈을 품고 싶지만 현실적 제약이 걱정되는 사람, 지금까지의 선택이 옳았는지 의문이 드는 사람, 앞으로의 방향을 설정하고 싶지만 확신이 서지 않는 사람 모두에게 책은 단순한 정보 이상의 의미를 지닙니다. 바쁜 일상에서 잠시 멈춰 서서 나 자신을 돌아볼 기회를 만들어 주는 것이 바로 한 권의 책이기 때문입니다.

많은 사람들이 빠른 것만 찾습니다. 현대 사회의 소통은 점점 빨라지고 내용은 얕아지는 경향이 강합니다. 반면, 책은 우리에게 천천히 생각하는 시간을 줍니다. SNS의 짧은 글과 영상들이 우리의 주의를 분산시키는 사이, 한 권의 책과 마주하는 시간은 마음의 중심을 잡아주는 든든한 버팀목이 됩니다.

최근 여러 조사에 따르면, 디지털 기기 사용 시간이 많을수록 집중력과 타인의 마음을 이해하는 능력이 떨어지는 반면, 꾸준한 독서가 이를 회복시키는 데 도움이 된다고 합니다. 특히 마흔 전후의 전환기에는 이런 효과가 더 크게 나타나는데, 이는 단순히 지식을 얻는 것이 아니라, 삶을 넓히고 깊게 바라보는 힘을 기르는 과정과도 이어진다는 것을 보여 줍니다.

더 중요한 점은 책이 지닌 오랜 지혜라는 가치입니다. 이천 년이 훌쩍 넘은 플라톤의 글이 아직도 우리의 생각을 건드리고, 셰익스피어의 작품이 지금도 마음을 뒤흔드는 이유가 바로 여기에 있습니다. 고전이 담고 있는 진리는 시대를 초월해서도 유효합니다.

오늘날 가장 큰 아이러니는 정보가 넘쳐날수록 정작 필요한 지혜를 찾기는 더 어려워진다는 사실입니다. 하루에도 수백 개의 정보를 쓱 보는 것보다, 한 문장이라도 곰곰이 생각해 보는 시간이 정말 절실해졌습니다.

그렇다면 이런 시대에 책은 어떻게 읽어야 할까요? 먼저, 의식적으로 시간을 정해서 읽는 것이 좋습니다. 습관적으로 스마트폰을 보는 대신, 조용히 책을 읽을 시간과 공간을 따로 마련하는 것입니다. 다음으로, 책과 대화하듯 읽어야 합니다. 책의 내용을 그대로 받아들이기보다 자기 생각과 경험에 비추어 가며 읽는 것입니다. 마지막으로, 읽은 내용을 다른 사람과 나누면 좋습니다. 혼자만의 생각을 넘어 다른 사람과 이야기를 나눌 때 책의 가치는 더 커집니다.

사십 대의 책 읽기는 젊었을 때와는 달라야 합니다. 젊었을 땐 실용적 지식이나 기술 습득이 목적이었다면, 이제는 살아가는 데 도움이 될 지혜를 찾는 쪽에 더 무게를 두면 좋습니다. 빠른 답을 구하기보다, 천천히 생각하며 내 삶에 적용해 보는 방식이 사십 대 독서의 핵심입니다.

디지털 기술은 우리 삶을 편리하게 만들었지만, 한편으로는 깊이 있게 생각하고 제대로 대화할 기회를 줄였습니다. 하지만 이런 상황이 오히려 책의 가치를 더 빛나게 만듭니다. 정보가 넘쳐나는 시대에, 조용히 책을 읽는 시간은 그 자체로 특별한 의미가 있습니다. 치열한 경쟁과 불안이 일상이 된 요즘, 책은 잠시 멈춰 숨을 고를 수 있는 쉼터가 되어 줍니다.

다시 제논의 이야기로 돌아가면, "죽은 자들과 대화하라"는 신탁은 결국 옛 현인들의 생각이 담긴 책을 통해 인생의 길을 찾아보라는 상징이었습니다. 시대와 공간을 넘어 인류의 지혜를 배우고, 책을 통해 자기 자신을 더 잘 이해하게 되는 길이 바로 독서입니다. 특히 인생의 중요한 갈림길에 섰을 때, 책은 믿을 만한 길잡이가 되어 줍니다. 수천 년 전 제논이 그랬듯, 지금 우리도 책에서 위로와 지혜를 발견할 수 있습니다. 완벽한 답을 당장 찾지 못해도 괜찮습니다. 조금 천천히 가도 괜찮습니다. 책을 펼치는 작은 행동에서 이미 변화는 시작되었고, 한 걸음 한 걸음이 모여 우리를 더 나은 곳으로 이끌어 갈 것입니다. 그리고 책을 읽는 그 순간만큼은 우리가 세상 소음에서 벗어나, 진짜 나와 마주할 수 있는 소중한 기회가 될 것입니다.

★

욕망의 시대,
나는 흔들리지 않고 살 수 있을까?

 책을 통해 삶의 지혜를 깊이 있게 탐색하다 보면, 결국 한 가지 근본적인 질문에 도달하게 됩니다.

 "무엇이 진정 우리를 행복하게 하는가?"

 요즘 자주 들리는 말인 '세상에서 가장 부유한 1%의 삶'은 마치 현대인이 꿈꾸는 궁극적인 목표처럼 여겨집니다. 흥미로운 것은 이천 년 전, 실제로 그런 삶을 살았던 사람의 뜻밖의 고백입니다. 로마 제국의 절대 권력자 마르쿠스 아우렐리우스는 "황금 궁전에서도 결국 우리는 모두 같은 고민으로 밤을 지새운다"고 토로한 것입니다. 당시 세계 최고의 부와 권력을 지녔던 그의 이 고백이 오늘날에도 가슴에 와닿는 건, 그 안에 현대를 사는 우리의 모습이 고스란히 비춰지기 때문입니다.

퇴근 후 지하철에 앉아 스마트폰을 열면 늘 비슷한 장면이 펼쳐집니다. 호캉스 인증샷, 명품 쇼핑백과 함께 찍은 셀카, 고급 레스토랑의 코스 요리. 한 장 한 장 넘기다 보면 어느새 내 일상이 초라해지는 기분이 들기도 합니다. 옆자리에서는 부동산 앱을, 맞은편 직장인은 주식 차트를 들여다보고 있습니다. 모두가 '더 나은 무언가'를 찾아 헤매는 것 같습니다.

특히 요즘은 '구독'이라는 이름으로 더 많은 것들을 소비하게 됩니다. 넷플릭스, 유튜브 프리미엄, 디즈니플러스… 이제 음악 감상부터 독서, 운동까지 월정액 서비스가 당연해졌습니다. 카드 명세서를 볼 때마다 이 모든 게 정말 필요한지 고민하면서도, 막상 구독을 끊으려면 뭔가 뒤처지는 듯한 불안을 떨치기 어렵습니다.

재택근무가 일상이 된 이후로는 또 다른 비교가 시작됐습니다. 누군가의 화상회의 배경에 보이는 인테리어, 책장 가득 꽂힌 책들, 창밖으로 보이는 탁 트인 전망까지. '워케이션'이라며 발리에서 일하는 지인의 소식을 보면, 평범한 내 집 책상이 갑자기 답답하게 느껴지기도 합니다. 출근길 커피숍의 풍경도 달라졌습니다. 노트북을 펴고 일하는 사람들 사이로 '디지털 노마드'를 꿈꾸는 이야기가 들려옵니다. "이젠 굳이 회사에 매이지 않아도 돼", "전 세계 어디서든 일할 수 있어" 이런 대화를 들으면, 고정된 삶을 사는 내가 구시대적으로 느껴질 때도 있습니다.

집에 돌아와 TV를 켜면 '똑똑한 재테크', '성공한 사람들의 비결'을 다루는 프로그램이 쏟아지고, 유튜브엔 '월급쟁이 투자자로 30억을 모은 비결', '마흔에 경제적 자유 얻기' 같은 영상이 끝없이 뜹니다. 이런 영상들의 조회수는 어김없이 수백만을 넘깁니다. 알고리즘이 제공하는 영상들을 보다 보면 어느새 밤이 깊어 가고, '나도 저렇게 살 수 있을까'라는 생각을 하며 잠들게 됩니다.

주말 아침, 동네 카페에서 마주치는 풍경도 마음을 복잡하게 합니다. 밖에서 뛰어노는 어린아이들은 거의 보이지 않습니다. 아이와 저녁을 먹으며 나누는 이야기는 더 마음을 무겁게 할 때도 있습니다. 반 친구들은 벌써 학원을 세 개씩 다닌다고 하고, 영어 말하기 대회에서 입상한 친구는 어릴 때부터 원어민 수업을 받았다고 합니다. 학부모 채팅방은 또 다른 전쟁터처럼 느껴집니다. 누군가의 아이는 벌써 올림피아드를 준비한다고 하고, 또 다른 아이는 해외 봉사활동을 다녀왔다고 합니다. 부모의 성공이 곧 자녀의 기회라는 말이 실감 나는 순간들입니다.

동창회에 가면 이런 이야기들이 더 많아집니다. 누군가는 건물을 샀고, 또 누군가는 제주도에 세컨드 하우스를 마련했다고 합니다. 취미로 하던 주식이 대박이 났다는 친구, 퇴사 후 창업에 성공한 후배. 축하 인사를 건네면서도 한편으로는 '나만 뒤처지고 있나?' 하는 생각이 듭니다.

이런 생각에 사로잡히다 보면, 정작 지금 내 곁에 있는 소소한 행복이 잘 보이지 않습니다. 아침에 일어나 맛있는 커피 한 잔을 즐기는 여유, 점심시간 동료와 나누는 수다, 퇴근길에 스치는 이웃의 반가운 인사, 주말 아침 게으름을 피우며 책을 읽는 시간, 가족과 함께 먹는 저녁 식사, 친구와 주고받는 사소한 통화… 이런 순간들이 사실은 우리 삶에 따스함을 채우는 소중한 조각들입니다.

　최근 읽은 어떤 연구 결과가 떠오르는데, 기본 생활이 가능한 수준을 달성한 뒤에는 그 이상의 소득이 반드시 더 큰 행복으로 이어지지 않는다고 합니다. 오히려 일상의 작은 순간들을 얼마나 잘 누리는지, 주변 사람들과의 관계가 얼마나 건강한지가 더 큰 영향을 미친다고 합니다.

　요즘 젊은 세대 사이에서 '미니멀 라이프'라는 흐름이 생긴 것도 어찌 보면 비슷한 맥락입니다. 꼭 필요한 것만 남기고 물건을 줄이는 대신, 자신이 진짜 하고 싶은 일과 만나고 싶은 사람에게 시간을 쓰는 삶의 방식입니다. 단순히 물건이나 소유를 줄이자는 뜻을 넘어, '내게 정말 중요한 건 뭘까?'를 고민하는 움직임이라고 할 수 있습니다.

　코로나19가 우리의 일상을 크게 바꾸면서, 역설적으로 이미 알고 있던 진실을 재확인하게 되었습니다. 가족의 의미, 건강의 소중함, 일상의 가치를 다시금 깨닫게 된 것입니다. 화려한 여행이나 값비싼 물건 대신, 소소한 산책이나 이웃과의 대화가 주는 기쁨이 새삼 더 크게 다가왔다는 사람들도 많습니다.

넷플릭스에서 본 다큐멘터리의 세계 최고 부자들을 인터뷰한 내용에서, 그들이 공통적으로 한 말이 있었습니다. "결국 가장 소중한 것은 시간이더라." 끊임없이 '더 많이'를 향해 달리는 레이스에 지친 우리에게, 이 말이 조용히 다가옵니다.

어쩌면 우리는 늘 멀리 있는 것만 바라보느라, 바로 곁에 있는 행복을 놓치고 있는지도 모릅니다. 비 오는 날 창가에서 듣는 빗소리, 봄날 길가에서 만나는 작은 꽃 한 송이, 갓 구운 빵에서 나는 고소한 향기, 부드러운 햇살이 얼굴에 닿는 따스함, 좋아하는 음악이 귓가에 맴도는 순간… 이런 순간들이 모여 우리의 일상이 됩니다. 삶은 거창한 성취의 연속이 아니라, 작은 순간들의 모음입니다.

얼마 전 지하철에서 이어폰을 꽂은 채 책을 읽는 한 청년을 보았습니다. 책 표지에 쓰인 문구가 눈에 들어왔습니다.

"지금, 여기, 이대로도 좋다."

문득 마음이 따뜻해졌습니다. 그렇습니다, 우리도 지금 이대로도 나쁘지 않을 수 있습니다. 완벽하지 않고, 화려하지 않아도, 매일 자신만의 자리에서 최선을 다하며 살아가는 모든 이의 모습이 이미 충분히 멋집니다.

물론 내일도 여전히 스마트폰 속에는 부러운 삶의 모습들이 가득할 것입니다. 그래도 그건 어디까지나 그들의 이야기일 뿐, 우리에게는 우리만의 이야기가 있습니다. 때로는 고단하고, 때로는 부족해 보여도, 그렇게 한 걸음씩 걸어가는 길 위에서 우리는 자신만의 행복을 만들어 갑니다.

결국, 우리 모두는 같은 하늘 아래 비슷한 고민을 안고 살아가는 길 위의 동행자입니다. 오늘도 누군가는 지하철에서, 또 누군가는 카페의 노트북 앞에서 혹은 아이 학원 숙제를 도와주며 자신만의 이야기를 써 내려가고 있습니다. 그렇게 쌓인 일상의 순간들이 우리의 삶을 이루고, 우리는 그 안에서 크든 작든 확실한 기쁨을 발견합니다.

어쩌면 우리는 이미 꽤 많은 것을 가지고 있을지 모릅니다. 더 많이 가지려 애쓰기보다, 잠시 멈춰 서서 지금 이 순간을 바라보는 여유. 그것이 우리에게 진정 더 필요한 것은 아닐까 합니다.

성찰 질문 & 실천 미션

성찰 질문

1. "오늘 당신이 가장 깊이 생각해 본 주제는 무엇이었나요?"

- 시간, 욕망, 가족, 독서처럼 8장에서 다룬 키워드 중 하나를 떠올려 보세요.
- 왜 그 주제가 당신에게 중요했는지, 어떤 감정·생각이 들었는지 적어 봅니다.

2. "오늘 하루 당신이 다른 사람과 비교하지 않고 발견한 '나만의 기쁨'은 무엇이었나요?"

- 사소해 보이는 행복이라도 괜찮습니다. 예: 아침 산책에서 발견한 꽃, 아이와 나눈 대화, 맛있는 커피 한 잔….
- 그 순간을 생생히 떠올리며, 그 기쁨이 왜 당신에게 소중했는지 돌아보세요.

3. "책(또는 다른 형태의 지혜)에서 얻은 깨달음을 오늘 삶에 어떻게 적용했나요?"

- 짧은 문장 하나라도 떠올려 보세요. 혹은 누군가에게서 들은 말도 좋습니다.

– 그 깨달음을 일상에서 실제로 해 본 경험이 있나요? 없었다면, 내일 시도할 방법을 간단히 구상해 봅니다.

실천 미션: 마흔의 깊이 더하기

오늘 하루 동안 아래의 미션을 시도해 보세요.

☐ 아침: 오늘의 '내 시간'을 15분 확보하기
– 알람이 울리면 15분 일찍 일어나거나 휴대폰을 잠시 멀리 두고 조용히 앉아 보세요.
– 시간에 쫓기기보다 '시간과 함께 춤춘다'는 마음가짐으로 하루를 시작합니다.

☐ 오전: SNS 확인 대신 책 한 페이지 읽기
– SNS 대신, 적어도 5분 동안 좋아하는 책 한 문장을 읽고 생각해 보세요.
– 이 문장이 오늘 당신의 선택이나 기분에 어떤 영향을 주는지 관찰해 봅니다.

☐ 점심: 남의 '화려함' 대신 내 '소중함' 찾기
– 식사 중 휴대폰을 잠시 치워 두고, 내게 소중한 사람·가치·꿈을 곱씹어 봅니다.
– 친구·동료의 SNS 속 호사나 성공담에 마음 빼앗기지 않고, '나는 어떤 순간이 기쁜가?'를 떠올려 보세요.

☐ 오후: 비교하는 생각이 올라올 때, 즉시 적어 보기

- '누구는 더 잘나가네…' 하는 생각이 스치면, 작은 노트나 메모 앱에 적고 즉시 '내가 이미 가진 것' 한 가지를 함께 적어 봅니다.
- 생각을 '눈으로 확인'하면 감정이 흩어지지 않고, 긍정적인 부분을 재인식할 수 있습니다.

☐ 저녁: 오늘 발견한 작은 행복들 기록하기

- '아이와 도란도란 대화한 순간'이 될 수도 있고, '통장에 남은 돈은 적어도 평화롭게 차 한 잔 마신' 순간일 수도 있습니다.
- 사소해 보여도 좋으니, "이 순간이 내 삶에서 정말 소중하구나" 했던 장면을 간단히 적어 보세요.

> **8장의 핵심 깨달음: 깊이를 더하는 삶은 거창한 변신이 아니라, '지금 내 삶'을 사랑하고 돌보는 태도에서 시작됩니다.**

- 비교 대신, 내가 이미 가진 가치를 바라보는 연습이 필요합니다.
- 시간은 우리의 적이 아니라 동반자이며, 하루하루 속에 숨어 있는 '카이로스'를 놓치지 않아야 합니다.
- 책과 대화하고, 사소한 행복을 발견하는 작은 습관들이 흔들리지 않는 삶을 만들어 갑니다.

마흔 이후, 우리는 '더 늦기 전에'라는 불안을 느끼기도 하지만, 사실 지금이야말로 여유를 갖고 스스로를 더욱 깊이 들여다볼 완벽한 때입니다. 이 질문과 미션을 통해 일상의 의미를 확장하고, 내가 진짜 원하는 길로 천천히 나아가 보시길 바랍니다.

에필로그

내가 돌보지 않으면,
내 행복은 누가 돌보랴

마흔의 시간을 통과하며 우리는 조금씩 알게 됩니다.

행복이란 어쩌다 한 번 찾아오는 우연이 아니라,

매일 내가 스스로 돌보는 의지에서 비롯된다는 것을.

지금 이 순간에도 우리는 수많은 정보와 선택지 사이에서

남의 속도에 마음을 빼앗기고,

남의 기준에 스스로를 끼워 맞추며 살아갑니다.

하지만 이 책을 통해 마주한 여덟 가지 성찰은 조용히 속삭입니다.

당신은 지금 이대로도 괜찮다고,

당신만의 리듬으로 살아도 된다고.

스토아 철학자들이 말했듯이,

지혜는 거창한 이론이 아니라 일상의 실천 속에 숨어 있습니다.

불안을 부정하지 않고 마주하는 용기,

작은 습관 하나를 바꾸는 꾸준함,

남과 비교하지 않고 나의 속도를 지키는 자존감.

그 모든 실천들이 바로, '내가 나를 돌보는 방식'입니다.

이 책의 마지막에 실은 질문과 실천 미션은

정답을 찾기 위한 것이 아니라,

당신만의 삶을 깊이 이해하기 위한 출발점입니다.

그리고 부록에 담긴 워크북은

당신이 스스로에게 묻고, 직접 답하며,

삶의 방향을 다듬어 갈 수 있도록 도와줄 것입니다.

읽는 데서 멈추지 마세요.

당신만의 질문에 답을 쓰고,

작은 실천 하나라도 직접 시도해 보세요.

그 작은 깨달음과 움직임이

당신의 삶을 천천히, 그러나 분명히 바꿔줄 것입니다.

이제 책장을 덮고, 당신만의 여정을 걸어가세요.

당신은 이미 충분히 괜찮고,

이제 행복해질 일만 남았다는 것을.

지금, 여기서

당신의 삶을 더 깊이 들여다보기를.

당신만의 시간과 마음, 관계와 가능성을
온전히 당신의 것으로 살아가기를 바랍니다.
당신의 삶이 당신답게 빛나기를.
진심을 담아, 이 응원의 마음을 전합니다.

2025년 봄
이유경 드림

부록을 활용하는 방법

이 부록에는 총 8가지 주제(시간, 마음, 지혜, 불안, 관계, 성공, 작은 실천, 삶의 깊이) + 워크북(부록 2) 형태로 구성되어 있습니다.

본문에서 이미 간단한 질문과 실천 미션을 시도해 봤다면, 이제는 이 부록을 통해 보다 장기적이고 심화된 자기 성찰을 해 보세요.

한 주나 한 달에 하나씩 혹은 가장 마음이 끌리는 질문부터 차례로 선택해 가며 집중해도 좋습니다. 중요한 건, 한 번에 완벽하게 하려 하기보다 지속적으로 돌아보고 기록한다는 점입니다.

책의 장들을 다 읽은 후에도, 이 부록에 돌아와 질문과 실천을 반복하면서 '나만의 삶의 기록'을 이어 가세요. 작은 습관이나 생각의 변화를 적어 두고 다시 꺼내 보면, 몇 달 뒤나 몇 년 뒤, 자신이 얼마나 성장했는지를 실감하게 될 것입니다.

당신의 여정과 성찰을 응원합니다. 조금 느리더라도, 한 걸음씩 정직하게 걸어가면 그 길 끝에서 자신만의 빛을 발견하게 될 거라 믿습니다.

부록 1 8가지 개인 성찰 질문과 단계별 실천법

    이 부록은 본문 각 장의 말미에서 제시된 간단한 성찰과 실천 미션을 좀 더 심화해, 워크북처럼 정리한 자료입니다. 이미 각 장에서 핵심 주제를 접하셨다면, 여기서는 좀 더 구조화된 방식으로 자기 삶을 되돌아보는 계기가 될 것입니다. 한꺼번에 모든 질문에 답하기보다, 주 1회 혹은 월 1회씩 하나의 질문에 집중하며 나아가는 방식을 권장합니다.

1. "당신의 시간은 어떤 모양을 하고 있나요?"

[성찰을 위한 가이드]

    시간은 누구에게나 공평하게 주어지지만, 각자가 느끼는 모습은 제각각입니다. 누군가는 직선처럼 느끼고, 누군가는 원형, 또 누군가는 나선형이라고 여길 수 있습니다. 이 성찰은 '내가 시간을 어떻게 경험하고 있는지'부터 명확히 아는 데서 출발합니다.

[실천 단계]

1단계: 시간의 흐름 인식하기
- 하루 중 가장 의미 있는 시간대 기록
- 일주일간 시간이 빠르게/느리게 느껴지는 순간 메모
- 나만의 시간 리듬 발견하기

2단계: 시간의 질 높이기
- 하루에 한 번은 의식적으로 시계를 보지 않는 시간 갖기
- 매일 같은 시간에 명상이나 산책하기
- 주변 사람들과 보내는 시간의 질 점검하기

3단계: 시간과 친해지기
- 과거에 대한 후회, 미래에 대한 불안 들여다보기
- 현재에 집중하는 나만의 방법 찾기
- 의미 있는 시간의 기준 정립하기

[점검 포인트]

☐ 나만의 시간 리듬을 발견했나요?

☐ 시간의 질이 향상되고 있음을 느끼나요?

☐ 현재에 더 집중할 수 있게 되었나요?

☐ 시간에 대한 관점이 긍정적으로 변화했나요?

2. "당신의 마음은 어떤 정원을 닮았나요?"

[성찰을 위한 가이드]

우리의 내면은 정원과 같습니다. 그곳에는 꽃처럼 아름다운 생각도, 잡초처럼 질긴 걱정도, 단단한 나무처럼 믿음직한 가치관도 자라고 있습니다. 이 성찰을 통해 마음속 잡초를 솎아내고, 꽃이 더 잘 피어날 수 있도록 가꾸어 보세요.

[실천 단계]

1단계: 정원 살피기
- 현재 내 마음에 자라고 있는 생각들 목록 작성
- 특히 자주 반복되는 부정적 생각 파악하기
- 나를 지탱하는 핵심 가치(가족, 건강, 신뢰 등) 확인하기

2단계: 정원 가꾸기
- 매일 아침 15분 '디지털 단식' 시간 갖기
- 하루 한 번 이상 깊은 호흡으로 마음 정돈하기
- 감사한 일 하나씩 적어 두기

3단계: 정원 돌보기
- 통제 가능한 것과 불가능한 것 구분하는 연습
- 부정적 생각이 들 때마다 '이것도 지나갈 것이다' 되뇌기
- 매일 저녁 마음의 흔들림을 관찰하고 기록하기

[점검 포인트]
- ☐ 내면의 평화가 조금씩 깊어지고 있나요?
- ☐ 통제할 수 없는 일에 대한 수용력이 생겼나요?
- ☐ 부정적 생각을 다루는 능력이 향상되었나요?
- ☐ 나만의 내면의 나침반이 선명해졌나요?

3. "당신은 어떤 지혜를 갈망하나요?"

[성찰을 위한 가이드]

고전의 지혜는 시간을 초월하여 우리에게 말을 걸어옵니다. 스토아 철학자들이 전하는 삶의 진리는 현대를 살아가는 우리에게도 깊은 통찰을 줍니다. 이 성찰을 통해 당신만의 삶의 지혜를 발견해 보세요.

[실천 단계]

1단계: 운명과의 화해
- 통제할 수 없는 것들의 목록 작성
- 그것들을 받아들이는 연습하기
- 역경에서 배울 점 찾기

2단계: 공동체 속의 나
- 매일 한 가지 이상 타인을 위한 행동하기
- 나의 행동이 공동체에 미치는 영향 생각하기
- 더 큰 선을 위한 나만의 방법 찾기

3단계: 현재의 소중함 인식

- 매일 저녁 '오늘이 마지막이라면' 생각해 보기
- 가장 소중한 사람들에게 감사 표현하기
- 후회 없는 하루를 위한 계획 세우기

[점검 포인트]

- ☐ 운명을 받아들이는 힘이 커졌나요?
- ☐ 타인을 위한 행동이 습관이 되었나요?
- ☐ 현재의 순간을 더 깊이 느끼게 되었나요?
- ☐ 삶의 우선순위가 더 명확해졌나요?

4. "당신의 불안은 어떤 모습인가요?"

[성찰을 위한 가이드]

불안은 누구나 지닌 자연스러운 감정이지만, 그 형태나 원인은 사람마다 다릅니다. 불안을 억누르기만 하려 하기보다, 그 실체를 알아보고 함께 살아갈 방법을 찾는 과정이 필요합니다.

[실천 단계]

1단계: 불안의 정체 알아가기
- 불안이 찾아올 때의 상황 기록하기
- 그때의 신체 반응 관찰하기
- 불안 뒤에 숨은 진짜 두려움 찾기

2단계: 불안과 대화하기
- 매일 같은 시간에 불안을 마주하는 시간 갖기
- 불안이 전하는 메시지 경청하기
- 불안이 없어지고 나면 어떤 기분일지도 상상하기

3단계: 불안을 넘어서기
- 통제할 수 있는 것에 집중하기
- 작은 실천으로 시작하기
- 필요할 때 도움 청하기

[점검 포인트]

☐ 불안의 패턴을 파악했나요?
☐ 통제 가능한 것과 불가능한 것을 구분할 수 있나요?
☐ 불안에 대처하는 나만의 방법이 생겼나요?

☐ 불안 속에서도 평온을 찾는 순간이 늘어났나요?

5. "당신의 관계는 건강한가요?"

[성찰을 위한 가이드]

관계는 우리 삶의 거울입니다. 그 속에서 우리는 자신의 모습을 발견하고 성장합니다. 건강한 관계를 위해서는 자신과 타인 모두를 이해하고 존중하는 균형이 필요합니다.

[실천 단계]

1단계: 관계 지도 그리기
- 요즘 가장 많이 시간을 보내는 사람들을 적어 보기
- 각 관계의 특성과 깊이 이해하기
- 에너지를 주는 관계와 소진시키는 관계 구분하기

2단계: 경계 설정하기
- 건강한 경계선 그리기

- 나의 한계와 욕구 표현하기
- 적절한 거절하기 연습

3단계: 관계의 질 높이기
- 진정성 있는 대화 나누기
- 상대의 관점 이해하기
- 상대의 불완전함을 허용하기

[점검 포인트]

☐ 특정 인간관계에서 과도하게 소진되고 있나요?

☐ 건강한 경계를 유지하고 있나요?

☐ 진정성 있는 대화와 교감을 나누는 사람이 늘었나요?

☐ 상대방의 부족함을 수용할 수 있나요?

6. "당신은 어떤 성공을 꿈꾸나요?"

[성찰을 위한 가이드]

　성공의 의미는 시대와 개인에 따라 다양합니다. 진정한 성공이란 외부의 기준이 아닌, 자신만의 가치와 기준에서 시작됩니다. 이는 단순한 목표 달성을 넘어 삶의 본질적 의미를 찾아가는 여정입니다.

[실천 단계]

1단계: 성공의 재정의
- 나만의 성공 기준 정립하기
- 단기/장기 목표 구분하기
- 내면의 성장과 외적 성취의 균형 찾기

2단계: 일상의 실천
- 매일의 작은 성공 기록하기
- 통제 가능한 영역에 집중하기
- 정기적인 자기 점검 시간 갖기

3단계: 균형 잡힌 성장
- 물질적/정신적 성장의 조화
- 관계 속에서의 성장 도모하기
- 진정성 있는 삶의 방향 설정

[점검 포인트]

- ☐ 나만의 성공 기준이 명확한가요?
- ☐ 매일의 작은 실천을 이어 가고 있나요?
- ☐ 삶의 균형과 방향이 전에 비해 뚜렷해졌나요?
- ☐ 내게 중요한 가치는 무엇인가요?

7. "당신의 작은 실천은 무엇인가요?"

[성찰을 위한 가이드]

큰 변화를 이뤄내는 가장 확실한 방법은 작은 실천을 꾸준히 이어 가는 것입니다. 거창한 계획 없이도, 매일 조금씩 행동이 달라질 때, 인생은 의외로 쉽게 바뀔 수 있습니다.

[실천 단계]

1단계: 작은 실천 찾기
- 현재 삶에서 변화가 필요한 영역 파악하기
- 실천 가능한 최소한의 행동 정하기
- 매일 할 수 있는 구체적인 계획 세우기

2단계: 실천의 리듬 만들기
- 일상에 자연스럽게 녹아드는 시간 찾기
- 작은 실천을 위한 환경 조성하기
- 꾸준함을 위한 동기 만들기

3단계: 성장의 기록
- 매일의 작은 변화 기록하기
- 실천의 어려움과 극복 과정 돌아보기
- 변화의 징후 발견하기

[점검 포인트]

☐ 오늘의 작은 실천을 완수했나요?

☐ 실천 과정에서 어떤 깨달음을 얻었나요?

☐ 작은 변화들이 쌓여가는 것을 느끼나요?

☐ 실천이 습관이 되어 가고 있나요?

8. "당신은 어떤 깊이를 찾고 있나요?"

[성찰을 위한 가이드]

　사십 대는 삶의 깊이를 더해가는 시기입니다. 외적인 성공이나 비교가 아닌, 자신만의 고유한 가치와 의미를 발견하는 것이 중요합니다. 이는 천천히, 하지만 꾸준히 이루어지는 여정입니다.

[실천 단계]

　1단계: 자신만의 깊이 찾기
　- 현재 삶에서 진정으로 의미 있는 것 찾기
　- 비교와 경쟁에서 벗어나기
　- 자신만의 속도와 방향 정하기

　2단계: 일상의 깊이 더하기
　- 하루 한 번 책 읽는 시간 갖기
　- 생각을 글로 써 보기
　- 현재의 순간에 온전히 머물기

3단계: 성장의 깊이 만들기
- 조금 더 장기적인 계획(6개월, 1년)을 세워 보기
- 어떤 사람이 되어 있을지 상상하기(구체적으로)
- 감사의 순간들 기록하기

[점검 포인트]
- ☐ '남보다 더 잘나고 싶다'보다 '내 삶의 깊이를 찾겠다'는 마음이 커졌나요?
- ☐ 미래의 나 자신에 대해 긍정적이고 희망적인 상상을 하게 되었나요?
- ☐ 짧은 시간이라도 스스로를 들여다보는 습관을 유지하고 있나요?
- ☐ 현재의 순간에 충실했나요?

부록 2 당신의 인생을 살아야 할 때
- 자기 성찰 워크북

이 부록은 본문에서 다룬 철학적·실천적 통찰과 부록 1의 '8가지 질문'에서 더 나아가 독자가 실제로 자신만의 삶을 기록하고 체계화할 수 있도록 돕는 '자기 성찰 워크북'입니다. 간단히 읽고 넘어가기보다는 정기적으로 펼쳐보며 생각을 적어보시길 권합니다. 이 부록에 굳이 정답은 없고, 솔직한 감정·생각·계획을 적는 행위 자체가 큰 변화를 만들어 줄 것입니다.

들어가며

이 워크북은 독자 개인의 '여정'을 기록하는 공간입니다. 정답은 없습니다. 지금의 감정과 생각, 바람 등을 솔직하게 적어 보세요. 육 개월 뒤나 일 년 뒤 돌아봤을 때, 당신의 여정이 어떻게 바뀌었는지 확인하는 기쁨도 클 것입니다.

Part 1: 현재의 나를 마주하다

1. 시간의 지도 그리기
- 지난 십 년간 가장 의미 있었던 순간들은 무엇이었나요?
- 앞으로의 십 년에 대해서는 어떤 기대와 불안을 품고 있나요?
- 하루 중, 나에게 가장 소중한 시간대는 언제인가요?

2. 내면의 목소리 듣기
- 요즘 나를 가장 힘들게 하는 감정은 무엇인가요?
- 내가 진정으로 원하는 것은 무엇인지, 떠오르는 대로 적어 보세요.
- 아직 하지 못한 말(누군가에게 전하지 못한 이야기나 자기 다짐)이 있다면 무엇인가요?

Part 2: 관계의 거리 재기

1. 관계 지도 만들기
- 현재 가장 편안함을 느끼는 사람은 누구인가요?
- 더 가까워지고 싶은 사람, 반대로 거리를 두고 싶은 사람은 누군가요?
- 각 관계가 내게 주는 에너지는 어떤지, 간단히 적어보세요("이 사람과 있으면 즐겁다 / 소진된다" 등).

2. 마음의 울타리 설정하기
- 나의 건강한 경계선은 어느 정도인가요?
- 거절하기 어려운 상황에는 어떤 것이 있고, 왜 그런지 적어 봅시다.
- 지키고 싶은 '나만의 공간'이나 '나만의 시간'을 설정해 보세요.

Part 3: 성장의 나침반 찾기

1. 가치관 정립하기

□ 내게 가장 중요한 3가지 가치는:

1. _____
2. _____
3. _____

2. 성공의 재정의

- 이십 대의 성공 기준:
- 삼십 대의 성공 기준:
- 현재의 성공 기준:

Part 4: 미래를 그리다

1. 내일의 나에게 보내는 편지

일 년 후의 '나'에게 편지를 써보세요. 내가 어떤 모습이길 바라는지, 어떤 고민이 해결되었으면 하는지, 무엇을 시도해 봤으면 하는지 등을 자유롭게 적습니다.

2. 버킷리스트 만들기

- 꼭 해 보고 싶은 것 3가지
- 더 이상 하지 않기로 한 것 3가지
- 새롭게 시작하고 싶은 것 3가지

Part 5: 주간 성찰 노트

매주 돌아보기

- ☐ 이번 주 가장 감사했던 순간:
- ☐ 새롭게 배운 것:
- ☐ 도전했던 것:
- ☐ 다음 주 실천하고 싶은 것:

월간 점검하기

- ☐ 이번 달의 테마 혹은 키워드:
- ☐ 잘한 점:
- ☐ 개선할 점:
- ☐ 다음 달의 목표:

Part 6: 일상의 지혜 기록하기

나만의 지혜 수집

- 인상 깊었던 문구나 문장:
- 그 이유와 느낌:
- 실천하고 싶은 방법:

작은 실천들의 기록

- 시도한 것:
- 배운 점:
- 다음 단계:

마무리: 나의 철학 정립하기

마흔의 나에게 묻다

1. 삶의 가장 큰 원동력은 무엇인가요?
2. 누구에게 어떤 사람으로 기억되고 싶은가요?
3. 나만의 행복 정의를 간단히 표현한다면?

나만의 삶의 원칙

1. _____
2. _____
3. _____

❖ 이 워크북은 정기적으로 돌아보고 업데이트하면서 자신만의 성장 기록으로 삼길 권합니다. 매주·매달 시간을 정해 놓고 간단히라도 생각을 적어 보세요. 머릿속에서만 떠다니던 고민들이 글로 혹은 표로 구체화되면, 그 순간부터 해결책을 찾거나 다음 행동을 결정하기가 훨씬 쉬워집니다.

마흔, 당신은 이제 행복해질 일만 남았다

초판 1쇄 발행 2025년 6월 20일
초판 2쇄 발행 2025년 7월 29일
초판 3쇄 발행 2025년 9월 12일

지은이 이유경
펴낸이 이유경
편 집 정윤아
디자인 박정호

펴낸곳 인생서당
출판등록 제 2024-000013 호
주소 경남 김해시 김해대로 2326
이메일 thelifesudang@gmail.com

값 18,000원

ISBN 979-11-987889-0-0 03190

ⓒ 이유경 2025

* 이 책의 저작권은 지은이에게 있습니다.
* 책 내용의 전부 또는 일부를 이용하려면 반드시 저작권자의 서면 동의를 받아야 합니다.
* 잘못 만들어진 책은 구입하신 서점에서 교환해 드립니다.